틈만 나면 보고 싶은
융합 과학 이야기

날씨 깨비가 나타났다!

틈만 나면 보고 싶은 융합 과학 이야기
날씨 깨비가 나타났다!

초판 1쇄 발행 2015년 12월 25일
초판 2쇄 발행 2018년 5월 15일

글 서지원, 조선학 | **그림** 주순교 | **감수** 구본철

펴낸이 이욱상 | **개발총괄** 강희경 | **개발책임** 장수경 | **개발** 배연지
디자인 마루·한 | **본문 편집** 구름돌 | **마케팅** 박혜정 | **제작책임** 김동식
사진 제공 유로크레온, 헬로 포토, 기상청

펴낸곳 동아출판㈜ | **주소** 서울시 영등포구 은행로 30 (여의도동)
대표전화(내용·구입·교환 문의) 1644-0600 | **홈페이지** www.dongapublishing.com
신고번호 제300-1951-4호(1951. 9. 19.)

ISBN 978-89-00-38930-2 74400   978-89-00-37669-2 74400 (세트)

틈만 나면 보고 싶은
융합 과학 이야기

날씨 깨비가 나타났다!

글 오윤정   그림 조현숙
감수 구본철(전 KAIST 교수)

동아출판

미래 인재는 창의 융합 인재

이 책을 읽다 보니, 내가 어렸을 때 에디슨의 발명 이야기를 읽던 기억이 납니다. 그때 나는 에디슨이 달걀을 품은 이야기를 읽으면서 병아리를 부화시킬 수 있을 것 같다는 생각도 해 보았고, 에디슨이 발명한 축음기 사진을 보면서 멋진 공연을 하는 노래 요정들을 만나는 상상을 하기도 했습니다. 그러다가 직접 시계와 라디오를 분해하다 망가뜨려서 결국은 수리를 맡긴 일도 있었습니다.

지금 와서 생각해 보면 어린 시절의 경험과 생각들은 내 미래를 꿈꾸게 해 주었고, 지금의 나로 성장하게 해 주었습니다. 그래서 나는 어린 학생들을 만나면 행복한 것을 상상하고, 미래에 대한 꿈을 갖고, 꿈을 향해 열심히 도전하고, 상상한 미래를 꼭 실천해 보라고 이야기합니다.

어린이 여러분의 꿈은 무엇인가요? 여러분이 주인공이 될 미래는 어떤 세상일까요? 미래는 과학 기술이 더욱 발전해서 지금보다 더 편리하고 신기한 것도 많아지겠지만,

우리들이 함께 해결해야 할 문제들도 많아질 것입니다. 그래서 과학을 단순히 지식으로만 이해하는 것이 아니라, 세상을 아름답고 편리하게 만들기 위해 여러 관점에서 바라보고 창의적으로 접근하는 융합적인 사고가 중요합니다.

나는 여러분이 즐겁고 풍요로운 미래 세상을 열어 주는, 훌륭한 사람이 될 것이라고 믿습니다.

동아출판 〈틈만 나면 보고 싶은 융합 과학 이야기〉 시리즈는 그동안 과학을 설명하던 방식과 달리, 과학을 융합적으로 바라볼 수 있도록 구성되었습니다. 각 권은 생활 속 주제를 통해 과학(S), 기술공학(TE), 수학(M), 인문예술(A) 지식을 잘 이해하도록 도울 뿐만 아니라, 과학 원리가 우리 생활을 편리하게 해 주는 데 어떻게 활용되었는지도 잘 보여 줍니다. 나는 이 책을 읽는 어린이들이 풍부한 상상력과 창의적인 생각으로 미래 인재인 창의 융합 인재로 성장하리라는 것을 확신합니다.

전 카이스트 문화기술대학원 교수 구본철

변화무쌍한 날씨를 어떻게 예측할까?

저는 추운 것을 무척 싫어합니다. 그래서 겨울이 되면 하루에도 몇 번씩 일기 예보를 챙겨 봅니다. 그리고 아침마다 '오늘은 옷을 몇 개나 껴입어야 할까? 털이 있는 신발을 신어야겠지?'와 같은 고민을 합니다.

심지어 어렸을 때는 "대체 날씨는 왜 추워지는 거야? 겨울이 없으면 얼마나 좋을까?" 하면서 투덜대기도 했습니다.

그러다 과학 시간에 날씨에 대해 배우면서 더 이상 투덜대지 않았습니다. 날씨는 자연 현상이고 날씨가 나타나는 데는 그만한 이유, 즉 과학적 원인이 있다는 것을 알았기 때문이지요.

물론 여전히 추운 겨울보다는 따뜻한 봄과 가을, 뜨거운 여름을 훨씬 더 좋아하지만, 겨울이 소중하다는 것을 깨달았다고나 할까요?

제 경우처럼 과학은 자연에 대한 지식과 이해의 폭을 넓혀 줍니다. 이렇게 넓고 깊어진 자연에 대한 이해는 기술의 발전으로 이어집니다. 그리고 여기에 아름다움이 더해집니다.

편리하고 아름다운 장치와 기기는 인류의 삶을 더욱 풍성하게 하는 과정에서 사회, 문화, 예술과 연결되고, 이것은 다시 과학과 기술의 발전으로

이어집니다. 더 좋은 방향으로 융합되어 가는 것이지요.

　이 책에는 날씨를 관측하고 활용하는 과정 속에서 일어난 과학, 기술, 공학, 수학, 인문, 예술에 대한 이야기가 실려 있습니다.

날씨

1장 오락가락 날씨 둘러보기
과학) 날씨를 결정하는 요소

2장 깐깐 꼼꼼 일기 예보까지
기술공학) 여러 가지 기상 관측 장비들

3장 요모조모 날씨따라 변하는 것
인문예술) 날씨와 우리 생활

4장 알쏭달쏭 날씨 정복하기
수학) 표와 그래프로 보는 날씨

　부디 이 책을 통해 어린이 독자 여러분이 날씨에 대해 더 잘 이해하기를, 날씨와 사람이 서로 끊임없이 주고받고 있음을 느끼기를, 구름과 바람과 비와 눈을 모두 넉넉하게 받아들일 수 있기를 바랍니다.

오윤정

차례

1장 오락가락 **날씨** 둘러보기

2장 깐깐 꼼꼼 **일기 예보**까지

3장 요모조모 **날씨**따라 **변하는** 것

4장 알쏭달쏭 **날씨 정복**하기

오락가락 날씨 둘러보기

날씨 깨비를 만나다

"오늘 시작된 비는 이번 주 내내 계속될 예정입니다."

보리와 귀리가 아침밥을 먹는데 텔레비전에서 일기 예보가 나왔어요.

"오, 안 돼! 체험 학습 가는 날에 비가 오면 안 된다고!"

보리와 귀리가 동시에 소리쳤어요.

보리와 귀리는 쌍둥이지만 성격은 정말 달랐어요. 누나 보리는 차분하고 적극적이지만, 동생 귀리는 매사에 툴툴대고 게을렀지요.

하지만 간혹 오늘처럼 마음이 잘 통할 때도 있어요. 모처럼 마음이 통한 보리와 귀리는 기분이 좋아 젓가락으로 X자를 만들며 외쳤어요.

"비야, 오지 마라. 우린 무적의 보리 귀리 특공대다. 얍!"

히히, 보리 귀리 특공대가 나가신다!

어, 창문에서 무슨 소리가 났는데.

12

그때 갑자기 어디선가 목소리가 들렸어요.

"안녕? 난 날씨 깨비야. 날씨라면 모르는 게 없지."

보리와 귀리는 **깜짝** 놀라 소리 나는 쪽을 쳐다보았어요. 귀여운 도깨비가 창문 안으로 들어오고 있었어요.

"정말? 그럼 우리가 현장 체험 학습 가는 날의 날씨도 미리 알 수 있니?"

"물론. 하지만 먼저 날씨에 대해 알아보는 게 어때?"

"싫어. 난 알고 싶지 않아. 맑았다 흐렸다 비가 왔다 눈이 왔다……. 보리 누나처럼 정말

날씨는 나에게 물어보렴. 모르는 거 빼고 다 알지.

변덕스러운 날씨, 난 궁금하지 않아!"

"날씨에 대해 잘 알면 좋은 일, 재미있는 일이 많이 일어날 텐데."

"어떤 좋은 일?"

날씨 깨비의 말에 보리가 차분하게 물었어요.

"날씨가 계속 맑을지 소나기가 올지, 그래서 우산을 가져가야 할지 말지, 또 날씨가 우리 생활에 어떤 영향을 주는지……. 재미있는 이야기가 정말 많거든."

그러자 보리가 날씨 깨비의 손을 잡으며 말했어요.

"와, 궁금하다. 난 날씨 여행을 떠날 준비가 되었어."

날씨 깨비가 날아오르자 보리가 귀리의 손을 낚아챘어요.

"에이, 귀찮아. 꼭 나까지 갈 필요는 없잖아!"

지구를 둘러싼 대기

날씨 깨비가 주문을 외우자 보리와 귀리의 몸이 둥실 떠올랐어요.

"우아, 몸이 **둥둥** 떠올라!"

보리와 귀리는 손톱처럼 작아 보이는 건물과 강, 산을 바라보며 정신없이 감탄했지요.

"얘들아, 눈을 감고 두 팔을 **휘저으며** 공기를 느껴 봐."

"에이, 공기가 어디 있다고 그래?"

귀리가 못마땅한 표정을 지었어요.

"공기는 우리 눈에 보이지 않지만, 우리 주변은 공기로 가득 차 있어. 우

리가 숨을 들이마시고 내쉴 때도 공기가 우리 몸속에 들어갔다 나와."

"정말이야? 근데 공기에는 뭐가 있어?"

보리가 고개를 **갸웃했어요.**

"공기는 우리가 숨 쉴 때 필요한 산소, 질소, 이산화탄소, 아르곤 등으로 이루어져 있어. 그중 산소와 질소가 대부분이지. 공기의 막이 지구를 둘러싸고 있는데, 이것을 대기라고 해. 지구는 물체를 끌어당기는 힘인 중력이 있어서 대기로 둘러싸여 있지. 그런데 달에는 대기가 없어. 달은 중력이 지구 중력의 $\frac{1}{6}$이라 끌어당기는 힘이 약해서 공기를 붙잡아 둘 수 없지."

"**쳇,** 대기가 왜 필요해? 없어도 되지."

"얘가 큰일 날 소리 하네."

보리가 귀리를 나무라자 날씨 깨비가 웃으며 말했어요.

"대기는 지구를 보호해 주지. 만약 대기가 없다면 우주에 떠다니는 운석들이 계속 지구로 떨어져 지구 표면은 달 표면처럼 **울퉁불퉁** 해질걸. 다행히 지구로 떨어지는 운석들은 대기를 통과하면서 타 버려."

높이 (km)

열권
인공위성이 떠 있고, 오로라 현상이 일어난다. 오로라는 태양에서 날아온 입자들이 지구의 대기로 들어오면서 공기 분자와 부딪쳐 빛을 내는 현상이다. 주로 극지방에서 오로라를 볼 수 있다.

중간권
공기가 거의 없고, 유성을 볼 수 있다. 유성은 지구 바깥에서 지구의 대기로 들어와 1~2초 동안 밝은 빛을 내면서 떨어지는 작은 물체이다.

와, 유성이다!

성층권
바람이 불거나 비가 오거나 번개가 치는 등의 현상이 거의 일어나지 않는다. 그래서 비행기가 이곳을 지나다닌다.

오호, 비행기는 성층권을 지나다니는구나.

대류권
기상 현상이 일어나 날씨 변화가 일어난다.

16

"아, 대기가 지구를 보호해 주는구나."

"그래, 또 대기는 지구에서 우주로 빠져나가는 열을 붙잡아서 지구의 온도를 따뜻하게 유지해 줘. 태양에서 오는 해로운 자외선을 막아 주기도 하고."

"대기가 그렇게나 많은 일을 해?"

날씨 깨비는 질문을 하는 보리가 기특했어요.

"그럼, 대기는 네 개의 층으로 이루어져 있어. 땅에서부터 대류권, 성층권, 중간권, 열권으로 나뉘지. 대류권은 땅의 겉면인 지표면에서 높이 10km까지를 말해. 여기에는 전체 대기의 약 75퍼센트(%)가 모여 있고, 수증기가 많아서 구름이 생기고 눈과 비가 내리는 등 다양한 기상 현상이 일어나지. 대류권에서는 위로 올라갈수록 기온이 내려가."

보리가 고개를 들어 하늘을 보며 말했어요.

"그럼 하늘로 올라가면 시원해지는 거야?"

"대류권을 벗어날 때까지는 그렇지. 시원한 걸 넘어 추워질 거야."

"더운 여름에는 하늘 높은 곳으로 피서를 가야겠네."

귀리의 말에 보리와 날씨 깨비는 깔깔거리며 웃었어요.

☀ 날씨, 기상, 기후는 약간씩 달라!

날씨는 한 지역에서 몇 시간 또는 2~3일 같이 짧은 기간에 나타나는 대기의 상태로, 기상 현상의 결과라고 할 수 있다. 기상은 대기 중에서 일어나는 바람, 비, 구름 등의 여러 가지 현상을 말한다. 그리고 기후는 특정 지역에서 30년 이상 오랜 기간 동안 나타나는 평균적인 대기 상태를 말한다.

공기의 숨겨진 비밀

"날씨 깨비, 그래도 못 믿겠어. 진짜 공기가 있다는 걸 증명해 봐."

귀리가 팔짱을 끼고 말했어요.

"그래, 좋아. 확인시켜 줄 방법이 하나 있지. 밖에서 신나게 달릴 때 머리카락이 날리고, 바람이 뺨과 귓가를 스치는 게 느껴졌지? 나뭇잎을 흔드는 바람, 고무풍선에서 새어 나오는 바람, 그게 모두 공기가 주변에 있다는 증거야."

"아하, 공기의 움직임이 바람이구나!"

날씨 깨비가 고개를 끄덕였어요.

"두 그림 중 어느 집의 주변에서 바람이 불고 있을까?"

"에이, 금방 알겠다. 왼쪽 집의 굴뚝에서 나오는 연기는 위로 똑바로 나오고 있어. 바람이 불지 않는다는 거지."

바람이 불지 않을 때는 연기가 하늘 위로 똑바로 솟아오른다.

바람이 불 때는 바람의 방향에 따라 연기가 왼쪽에서 오른쪽으로 움직인다.

내가 비밀을 알려 줄게. 바람은 공기의 움직임이야.

히히, 그건 나도 알고 있어.

보리가 대답하자 귀리도 질세라 말했어요.

"오른쪽 집의 굴뚝에서 나오는 연기는 옆으로 나가고 있어. 바람이 불기 때문이야."

"둘 다 제법인데! 그러면 공기도 무게가 있다는 사실은 아니?"

보리와 귀리는 눈을 **둥그랗게 뜨고** 고개를 가로저었어요.

"우리가 느끼지는 못하지만 공기도 무게가 있어. 하지만 어느 누구도 공기를 무겁다고 생각하지 않아. 그건 공기가 위에서 아래로 누르고 아래에서 위로, 양옆에서 서로 밀어 주기 때문이지. 같은 무게로 사방에서 미니까 우리는 그 무게를 느끼지 못해. 그런데 사실 우리는 무게가 대략 280kg이나되는 공기를 머리 위에 이고 살아가. 정말 어마어마하지?"

"신기하다. 공기에 무게가 있었다니."

귀리가 이마를 **탁 치며** 말했어요.

"이렇게 공기가 누르는 힘, 즉 공기의 압력을 기압이라고 해. 수은 기둥의 높이가 76cm가 될 때 기압을 표준 기압, 즉 이게 1기압이야. 토리첼리가 기압을 최초로 측정했지."

기압을 최초로 측정한 토리첼리

"기압은 나도 들은 적이 있어. 일기 예보에서 고기압, 저기압이라는 말을 하던데 그건 뭐야? 꼭 그렇게 복잡한 말을 써야 해?"

귀리가 귀찮은 듯 물었어요.

"고기압은 공기가 주변보다 많아서 기압이 높은 곳을 말하고, 반대로 저기압은 주변보다 공기가 적어서 기압이 낮은 곳을 말해. 공기는 고기압에서 저기압으로 움직여. 공기의 움직임이 바람이니까 바람은 고기압에서 저기압으로 불지. 풍선으로 설명해 볼게."

날씨 깨비가 풍선을 보리에게 주며 말했어요.

"자, 풍선을 힘차게 불고 주둥이를 꽉 쥐어 봐. 그러면 풍선 안에 공기가 잔뜩 모여서 풍선 안은 주변보다 기압이 높아져. 그래서 풍선 안은 고기압이, 풍선 밖은 풍선 안과 비교해 저기압이 되지. 이제 막고 있던 풍선의 주둥이를 놓아 봐."

보리는 날씨 깨비가 시키는 대로 했어요. 그러자 풍선 안에 있던 공기가 뿜어져 나오며 풍선이 작아졌지요.

"아, 시원해."

"풍선 안의 공기가 밖으로 세차게 빠져나오는 게 바로 공기가 고기압에서 저기압으로 이동하는 거야. 이게 바람이 부는 원리야."

바로 그거야!

저기압

고기압

풍선 안에 있던 공기가 풍선 밖으로 빠져나오면서 바람이 부네.

바다에서 부는 바람, 산에서 부는 바람

날씨 깨비는 재미있는 것을 보여 주겠다며 보리와 귀리를 어디론가 데려 갔어요.

"바다다!"

보리와 귀리가 동시에 소리쳤어요. 보리와 귀리는 이럴 때만 마음이 아주 잘 맞았지요. 그때 바다에서 바람이 불어왔어요.

"바닷가에서는 바람이 어떻게 불어? 뭔가 원리가 있을 거 같은데, 맞아?"

귀리가 묻자, 날씨 깨비가 고개를 끄덕이며 웃었어요.

"낮에는 바다에서 육지로 해풍이 불고, 밤에는 반대로 육지에서 바다로 육풍이 불어."

"바람이 불어오는 쪽에 이름을 붙이는구나!"

낮에는 바다에서 육지로 해풍이 분다.

"오, 똑똑한데. 그럼 낮에 바다와 육지 중 어디가 고기압일까?"

칭찬을 듣고 좋아하던 보리가 골똘히 생각에 빠졌어요.

"음, 바람은 고기압에서 저기압으로 부니까 바다가 고기압이겠네."

보리의 대답에 날씨 깨비가 손가락을 **팅겼어요.** 그러자 팡파르가 터졌어요.

"대단한데. 공기는 온도가 올라가면 가벼워져. 낮에는 육지가 바다보다 뜨거워져서 육지 쪽 공기가 위로 올라가지. 그러면 육지 쪽 공기가 적어지면서 저기압이 되고, 바다 쪽 공기는 고기압이 돼. 그래서 바다에서 육지로 해풍이 불어오는 거야."

"그렇구나. 생각보다 간단한 원리였네."

"응. 반대로 밤에 해가 지면 육지가 더 빨리 식어 버려서 육지 쪽이 고기압이 돼. 그러면 육풍이 불게 되지."

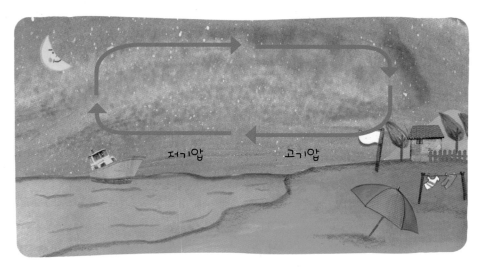

밤에는 육지에서 바다로 육풍이 분다.

이번에는 날씨 깨비가 보리와 귀리를 산으로 데려갔어요.

"산에서도 낮과 밤에 부는 바람의 방향이 달라져."

"그래? 어떻게?"

"낮에는 햇빛을 **흠뻑** 받고 뜨거워진 산꼭대기의 공기가 위로 올라가서 산꼭대기는 저기압 상태가 되지. 그러면 상대적으로 고기압인 산 밑의 골짜기에서 산꼭대기로 바람이 불어와. 이 바람의 이름은 골바람. 반대로 밤에는 산꼭대기의 공기가 빨리 식어서 산꼭대기에서 골짜기로 바람이 부

낮에는 기압이 높은 골짜기에서 기압이 낮은 산꼭대기로 골바람이 분다.

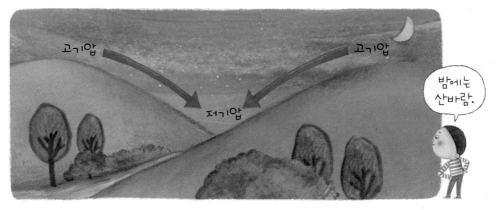

밤에는 기압이 높은 산꼭대기에서 기압이 낮은 골짜기로 산바람이 분다.

는데, 이 바람을 산바람이라고 하지."

"바다와 산을 보니 여름 방학 때가 생각난다. 근데 우리나라는 여름철에 덥고 축축하잖아? 그런 여름 날씨가 혹시 바람과 관계있는 거야?"

"맞아. 바람은 날씨와 관계가 깊어. 계절에 따라 부는 계절풍도 날씨에 영향을 주지. 우리나라는 여름에 따뜻하고 습기가 많은 남동쪽 바다에서 바람이 불어오는데, 이것이 남동 계절풍이야. 이 바람 때문에 여름 내내 덥고 비가 많이 오는 축축한 날씨가 이어지지."

"왜 여름에 남동 계절풍이 부는 거야? 덥고 축축하면 너무 힘들어."

귀리가 인상을 찌푸리며 말했어요.

"여름에는 대륙이 바다보다 먼저 따뜻해져. 그래서 바다 쪽 공기가 고기압이 되고 바다에서 대륙으로 바람이 불지. 하지만 겨울에는 이와 반대지. 춥고 건조한 북서쪽 대륙에서 북서 계절풍이 불어와. 이 바람 때문에 우리나라는 겨울에 춥고 비가 적게 오는 건조한 날씨가 돼."

"음, 그건 겨울에는 대륙이 바다보다 빨리 차가워져서 대륙에서 따뜻한 바다 쪽으로 바람이 불기 때문이구나."

보리의 대답에 날씨 깨비가 활짝 웃었어요.

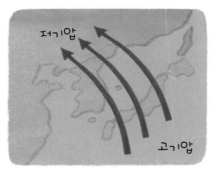

여름에는 대륙이 빨리 따뜻해져 바다에서
대륙으로 남동 계절풍이 분다.

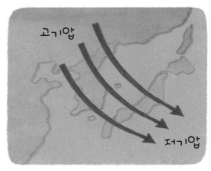

겨울에는 대륙이 빨리 차가워져 대륙에서
바다로 북서 계절풍이 분다.

지구에 부는 커다란 바람

"꼭 궁금해서 물어보는 건 아닌데……. 혹시 바람이 지역마다 다르게 불기도 해?"

귀리는 무척 궁금했지만 마지못해 묻는 것처럼 날씨 깨비를 보았어요.

"응, 지역마다 바람이 다르고 바람의 크기도 다양해. 지구 전체에 영향을 주는 **거대한** 바람도 있어. 지구의 적도는 햇빛을 많이 받아서 공기가 따뜻한데, 이 공기는 하늘 높이 올라가서 극지방 쪽으로 흘러가지. 공기가 이동하면서 가지고 있던 열을 주변에 빼앗기면 차가워진 공기는 무거워서 아래로 내려가고 일부는 다시 적도 부근으로 되돌아와."

"와, 지구 곳곳에서 부는 바람은 정말 복잡하구나."

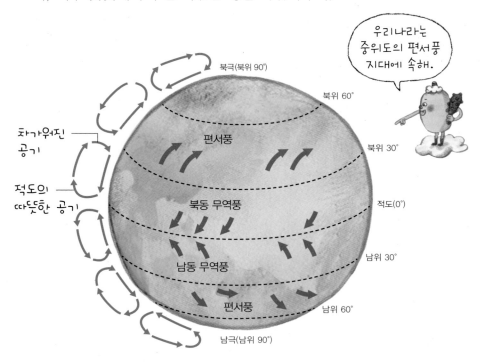

무역풍을 이용해 떠나자.

"아하, 생각보다 복잡하지. 공기가 적도로 돌아오는 구간에서 부는 바람을 무역풍이라고 해. 오래전 유럽 사람들은 무역풍을 이용해 배를 타고 바다로 나가 다른 나라와 물건을 사고파는 무역을 했어. 무역풍은 콜럼버스가 아메리카 대륙을 발견하는 데도 도움을 주었지."

"그럼 적도와 많이 떨어진 곳에서는 어떤 바람이 불어?"

"중위도 지방인 북위 30°~60°, 남위 30°~60°지역에서는 편서풍이 불어. 서쪽에서 동쪽으로 치우쳐 부는 바람이지. 우리나라는 북위 33°~43°에 있어서 편서풍의 영향을 받아. 그래서 우리나라 날씨는 대부분 서쪽에서 동쪽으로 변해."

그때 갑자기 세찬 바람이 불었어요.

"으악!"

"꽉 잡아!"

날씨 깨비가 방망이를 두 번 휘두르자, 날씨 깨비와 쌍둥이를 태운 구름이 빠른 속도로 이동했어요. 그리고 고요한 지역에 도착했어요.

"여기가 어디야?"

"여기는 태풍의 눈이야. 태풍의 눈은 바람이 불지 않는 태풍의 한가운데를 말해."

태풍의 눈

태풍은 매년 여름에서 초가을 사이에 우리나라에 오는데, 편서풍의 영향으로 서쪽에서 동쪽으로 빠져나간다. 태풍의 중심 부분은 바람이 약하고 날씨가 맑은데, 이곳을 '태풍의 눈'이라고 한다.

"와, 태풍 속이라는 게 믿기지 않을 만큼 조용하다."

"그렇지. 해마다 여름이면 우리나라에 거대한 바람인 태풍이 찾아와. 태풍은 폭풍우를 동반한 열대 저기압으로, 최대 풍속이 초속 17m 이상인 거대한 공기의 소용돌이야. 한 해 동안 평균 약 80개의 태풍이 발생하지."

"아이고, 난 정말이지 태풍이 싫어."

"사람들은 태풍이 오면 피해를 많이 입어서 싫어하지만 태풍은 지구에 꼭 필요한 자연 현상이야."

"진짜? 태풍이 꼭 필요하다고?"

태풍이 발생하면 뜨거운 공기가 올라가면서 소용돌이가 생겨.

"응, 태풍은 적도 근처에서 남는 에너지를 고위도 지방으로 옮겨 줘. 햇빛을 많이 받는 적도 지역은 태양 에너지가 넘쳐 나는데, 극지방은 태양 에너지가 부족해. 그런데 태풍이 이동하면서 태양 에너지도 함께 운반하니까 지구의 에너지 불균형을 없애 줘. 어쨌든 지구에는 바람이 꼭 필요해."

"만약 지구에 바람이 없다면 어떤 일이 일어나?"

"바람이 없으면 생명체가 살기 어렵게 될 거야. 적도 지방은 계속 더워지고 극지방은 계속 추워질 테니까."

"바람은 우리한테 꼭 필요한 거구나."

귀리가 조용히 눈을 끔뻑였어요.

기단의 힘겨루기

"날씨 깨비, 갑자기 훈훈해졌어."

"당연하지. 따뜻한 기단 속으로 들어왔으니까."

"기단?"

"기온과 습도 등 성질이 비슷한 공기들은 자기들끼리 커다란 덩어리를 만들어. 이것을 기단이라고 하지. 기단은 엄청나게 크단다. 수직 방향으로는 몇 km에 달하고, 수평 방향으로는 수백에서 수천 km에 달하지. 어떤 기단은 우리나라보다 훨씬 커."

"기단은 공기이고, 공기는 이동하니까, 기단도 이동하겠네."

날씨 깨비가 또다시 손가락을 튕기자 팡파르가 터졌어요. 귀리는 어깨를 으쓱했어요.

따뜻한 지역에서 만들어진 기단은 따뜻하고, 차가운 지역에서 만들어진 기단은 차갑다.
또 육지에서 생긴 기단은 건조하고, 바다에서 생긴 기단은 수증기가 많아서 습도가 높다.
기단은 어디서 만들어졌느냐에 따라 성질이 다르다.

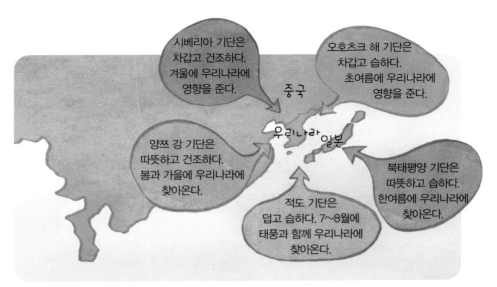

우리나라의 날씨에 영향을 미치는 기단은 시베리아 기단, 오호츠크 해 기단, 양쯔 강 기단, 적도 기단, 북태평양 기단이다.

"기단은 한곳에만 머물지 않고 계속 이동해. 기단이 이동하면 그 지역의 날씨가 기단의 영향을 받아 달라지지. 차고 건조한 기단이 오면 날씨가 차고 건조해지고, 따뜻하고 습기가 많은 기단이 오면 날씨가 따뜻하고 습해져."

날씨 깨비가 잠시 말을 멈추고 보리와 귀리를 쳐다보았어요.

"그런데 기단 중에도 너희처럼 성격이 다른 기단이 있단다."

"우리가 성격이 다른 걸 알고 있었어?"

"우리가 만나기만 하면 싸우는 걸 알고 있었어?"

보리와 귀리가 눈을 동그랗게 뜨고 묻자, 날씨 깨비가 고개를 끄덕였어요.

"기단 중에도 너희처럼 성질이 다른 기단이 만나면 바로 섞이기가 쉽지 않아."

"진짜?"

"성질이 다른 기단이 만나면 두 기단 사이에는 경계가 생기지. 이때 생기는 경계면을 전선면이라고 하고, 전선면과 지표가 만나는 선을 전선이라고 해. 전선 부근에서는 성질이 다른 두 기단이 만났기 때문에 날씨가 심하게 변하지."

"우리가 다투고 토라지고 화해하는 것처럼?"

"맞아. 꼭 너희처럼 말야."

날씨 깨비가 깔깔대며 웃었어요.

"따뜻한 기단과 차가운 기단이 만나면 어떻게 될까?"

"따뜻한 공기는 가볍고 차가운 공기는 무겁기 때문에 차가운 기단은 아래쪽으로, 따뜻한 기단은 위쪽으로 이동해."

보리가 **또박또박** 설명하자 팡파르와 함께 폭죽이 터졌어요.

"차가운 기단이 따뜻한 기단 쪽으로 이동할 때는 차가운 공기가 따뜻한 공기를 파고들면서 전선을 만들어. 이 전선을 한랭 전선이라고 해."

"반대로 따뜻한 기단이 차가운 기단 쪽으로 이동하면 어떻게 돼?"

차가운 기단이 따뜻한 기단 쪽으로 이동할 때
차가운 공기가 따뜻한 공기를 파고들면서
한랭 전선이 생긴다.

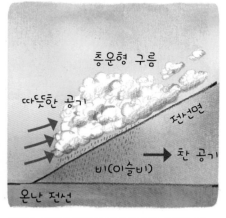

따뜻한 기단이 차가운 기단 쪽으로 이동할 때
따뜻한 공기가 차가운 공기 위로 천천히 올라가
온난 전선이 생긴다.

"따뜻한 공기가 차가운 공기 위로 천천히 올라가면서 전선을 만들어. 이 전선을 온난 전선이라고 해."

"그럼 힘이 비슷한 두 기단이 만나면?"

"힘이 비슷한 두 선수의 싸움처럼 좀처럼 결판이 나지 않고 두 기단이 같이 한곳에 오래 머물게 돼. 이때 형성되는 전선을 정체 전선이라고 하지."

"우리가 다툰 뒤에 먼저 사과하지 않으려고 버틸 때와 비슷하네."

보리는 귀리를 보며 눈을 찡긋했어요.

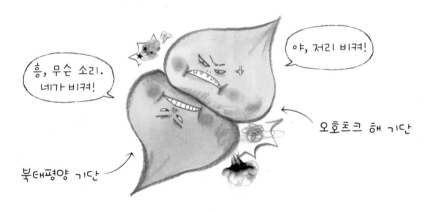

"우리나라에서는 해마다 이런 정체 전선이 생겨. 바로 초여름에 생기는 장마 전선이지. 장마 전선은 차갑고 습기가 많은 오호츠크 해 기단과 따뜻하고 습기가 많은 북태평양 기단이 만나서 만들지. 장마 전선이 형성되면 장마가 시작되어 여러 날 동안 계속 비가 내려. 2~3주가 지나면 북태평양 기단의 힘이 점점 세져서 오호츠크 해 기단을 밀어 내. 그러면 비로소 장마가 끝나지. 장마가 끝나면 우리나라는 북태평양 기단의 영향을 받아 아주 덥고 습한 날씨가 계속된단다."

하늘에 떠 있는 구름

"저 구름 좀 봐!"

"정말 아름답다!"

넋을 잃고 구름을 바라보던 보리와 귀리가 동시에 물었어요.

"구름은 어떻게 생겨?"

"땅 근처의 공기에는 수증기가 많아. 이 공기가 땅의 열을 받아 따뜻해지면 위로 올라가지. 그런데 공기는 높이 올라갈수록 온도가 낮아져서 공기에 있던 수증기가 응결핵에 달라붙어 작은 물방울이 돼. 이렇게 생긴 작은 물방울들이 엄청나게 많이 모이면 구름이 되는 거야."

"응결핵이 뭐야?"

"응결핵은 수증기가 물방울이 되기 위해 꼭 필요한 작은 알갱이인데, 보통 구름 속에 있는 아주 작은 얼음 알갱이, 화산 폭발로 생긴 아주 작은 먼지, 불타고 남은 재, 사람들이 대기로 뿜어내는 오염 물질 같은 것이 응결핵이 되지."

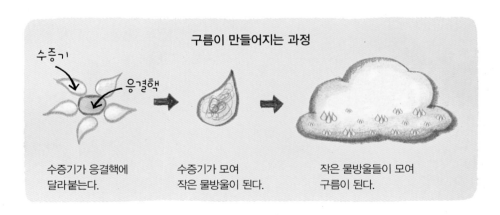

구름이 만들어지는 과정

수증기

응결핵

수증기가 응결핵에
달라붙는다.

수증기가 모여
작은 물방울이 된다.

작은 물방울들이 모여
구름이 된다.

"구름이 생기려면 꼭 응결
핵이 있어야 해?"

"아니, 응결핵이 없어도 구름이 만들어져.
아주 높은 하늘에는 응결핵이 될 만한 것이 없
어. 이때는 물 분자가 얼어서 얼음 조각이 되는데, 이
얼음 조각이 응결핵 역할을 해서 구름이 만들어진단다."

"물방울이 모여서 구름이 된다면 구름도 무게가 나가겠네."

"응. 가로, 세로, 높이가 1km인 구름은 무게가 500,000kg이나 된다고
해. 아시아코끼리의 몸무게가 대략 5,000kg 정도이니까 이 구름의 무게는
코끼리 100마리의 무게와 맞먹는 셈이지."

"하늘에 코끼리 100마리가 둥둥 떠다니고 있다고?"

"그렇게 무거운 구름이 어떻게 떨어지지 않고 하늘에 떠 있어?"
보리와 귀리가 **어리둥절한** 표정으로 물었어요.

"그건 구름 아래의 따뜻한 공기가 위로 올라가면서 구름을 받쳐 주기 때
문이야. 또 공기 덩어리가 올라가는 속도와 높
이에 따라 구름의 모양이 달라져. 공기
덩어리가 천천히 비스듬히 올라가면
구름은 수평 방향으로 넓게 생기고,
공기 덩어리가 위로 올라가면 구름은 수
직 방향으로 높게 생기지."

와,
저 하늘의 구름이
코끼리 100마리
무게라고?

구름의 10가지 종류

세계기상기구(WMO)에서는 구름의 종류를 10가지로 정하고 있어
요. 이것은 19세기 초 영국의 기상학자 루크 하워드가 구름의 높이와
모양에 따라 나눈 것이에요.

높이
(km)

12

10

8

6

4

2

0

◀ 권적운(비늘구름, 5∼13km)
물고기 비늘, 물결 모양 또는 작은
돌멩이를 깔아 놓은 것처럼 보인다.
해와 달이 보일 만큼 엷다.

▼ 고적운(높쌘구름, 2∼7km)
둥근 모양의 덩어리로 이루어진
구름으로, 양떼구름이라고도 한다.

▼ 난층운(비층구름, 2∼7km)
비 또는 눈이 내리는 것이 특징이다.
어두침침한 회색으로 해나 달을
완전히 가린다.

▼ 적운(뭉게구름, 2∼10km)
바닥은 편평하고 윗부분은 뭉게뭉게
솟아 있는 모양이다. 구름의 윤곽이
뚜렷하며 햇빛을 받는 부분은 새하얗다.
기온이 높은 여름이나 초가을에 생긴다.

▼ 층적운(두루마리구름, 지표∼2km)
진한 회색의 긴 구름 덩어리로
옆으로 불규칙하게 층을 이룬다.
비 오기 전이나 후에 나타난다.

와, 폭신해!

구름 종류가 많네!

구름을 잘 살펴봐.

높이
(km)

— 12

▲ **권층운(털층구름, 5~13km)**
엷은 천이 하늘을 덮은 것처럼
보인다. 햇무리, 달무리를 잘
일으킨다.

— 10

▲ **권운(새털구름, 5~13km)**
새털을 닮은 모양이다. 맑은 날
흐려지기 시작할 때 생긴다.

— 8

◀ **적란운(소나기구름, 지표~13km)**
땅 가까이에서 하늘 높이 수직 방향으로
생긴다. 소나기를 내리게 하고, 번개, 천둥,
우박, 맹렬한 바람이 함께 생기기도 한다.

— 6

▲ **고층운(높층구름, 2~6km)**
주로 무늬가 있거나 줄무늬로 된 회색
구름이다. 고층운이 하늘을 덮으면
해가 가려지는데, 엷게 덮은 경우에는
해가 희미하게 보인다.

— 4

▼ **층운(안개구름, 지표~2km)**
층을 이루고 있다. 땅 가까이에 생기며,
지상에서 생기면 안개가 된다.

— 2

— 0

비 오는 날

"앗! 차가워! 비가 내린다."

날씨 깨비는 재빨리 방망이를 휘둘러 보리와 귀리에게 우비와 우산, 장화를 만들어 주었어요.

"히히! 난 장화만 있으면 비 오는 날이 제일 좋아."

귀리는 첨벙첨벙 신나서 뛰어다니고, 보리는 하늘을 올려다보았어요.

"날씨 깨비야, 궁금한 게 있는데, 비는 어디에서 오는 거니?"

"비는 구름에서 만들어져. 구름에 있는 작은 얼음 알갱이에 수증기가 계속 달라붙어서 커지면 무거워져 구름 아래로 떨어지지. 이때 얼음 알갱이가 떨어지다가 따뜻한 공기와 만나면 녹아서 비가 된단다."

38

"그럼 구름에 얼음 알갱이가 없으면 비가 내리지 않아?"

첨벙대며 뛰어놀던 귀리가 **불쑥** 끼어들었어요.

"아니. 구름에 얼음 알갱이가 없고 물방울만 있을 때는 작은 물방울들이 서로 달라붙어 점점 커져서 비가 돼."

"빗방울은 얼마나 큰데? 속도는 얼마나 빠른 거야? 빗방울 하나가 떨어지는 과정을 관찰하고 싶어도 너무 빨라서 안 보여."

귀리가 **볼멘소리**를 했어요.

"빗방울은 보통 지름이 0.5mm가 넘어. 그리고 1초에 3m 이상의 속도로 떨어지지. 단 이슬비만 빗방울의 지름이 0.2~0.5mm 정도로 더 작고, 떨어지는 속도도 더 느려."

"1초에 3m라니 엄청 빠르구나. 근데 물방울이 0.2mm보다 작으면 어떻게 돼?"

"0.2mm보다 작은 물방울은 땅으로 떨어지다가 모두 증발해서 사라지기 때문에 비가 되지 못해."

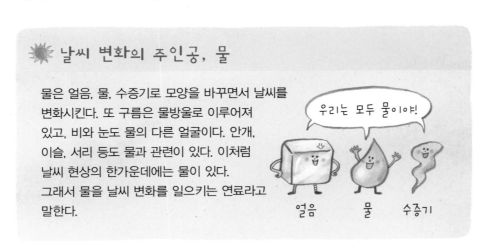

☀ 날씨 변화의 주인공, 물

물은 얼음, 물, 수증기로 모양을 바꾸면서 날씨를 변화시킨다. 또 구름은 물방울로 이루어져 있고, 비와 눈도 물의 다른 얼굴이다. 안개, 이슬, 서리 등도 물과 관련이 있다. 이처럼 날씨 현상의 한가운데에는 물이 있다. 그래서 물을 날씨 변화를 일으키는 연료라고 말한다.

우리는 모두 물이야!

얼음   물   수증기

"아, 너무 작으면 증발해 버리는구나."

"맞아, 어떤 경우에는 구름 속의 공기가 위로 올라가는 힘이 아주 강해서 물방울이 크더라도 꽤 오랫동안 구름 안에 떠 있어. 그러다 갑자기 공기가 올라가는 힘이 약해지면 구름 안에 떠 있던 큰 물방울들이 한꺼번에 땅으로 떨어지지. 이것이 바로 폭우야."

"아, 갑자기 폭우가 쏟아지면 으스스하던데."

"또 땅 가까이에서 하늘 높이까지 솟아 있는 적란운은 위로 올라가는 공기의 흐름이 몹시 강해. 적란운이 **시커멓게** 피어오르면 소나기가 쏟아진다는 말이 있어. 그 말처럼 적란운이 생기면 세찬 소나기가 내리고, 곧 언제 그랬냐는 듯이 비가 뚝 그치지. 적란운과 달리 고층운이나 난층운에서 내리는 비는 별 다른 변화 없이 꾸준히 내린단다."

갑자기 **번쩍** 하고 번개가 쳤어요. 잠시 후 천둥소리도 들렸지요.

"으악, 무서워."

번개는 구름과 땅 사이에서만 치는 게 아니라 구름 안에서, 또 구름과 구름 사이에서도 친다.

보리와 귀리가 소리치며 날씨 깨비에게 매달렸어요.

"이제 괜찮아. 우리가 보는 번개는 땅으로 내려오는 (−)전기들이 공기와 부딪쳐 생기는 빛이지. 이때 번개는 강한 전기를 발생시킨단다."

"그럼, 천둥은 왜 치는 거야?"

"번개가 치면 엄청나게 뜨거운 열이 생기는데, 이 열 때문에 주변 공기가 뜨거워져 팽창하지. 그러면서 주변 공기에 압력을 주는데, 이때 공기가 진동하면서 큰 소리를 내. 이 소리가 바로 천둥이야."

"날씨 깨비, 번개와 천둥 중에서 어떤 것이 먼저 생기는 거야?"

"번개와 천둥은 같은 순간에 생겨. 하지만 우리는 번개를 본 뒤에 천둥소리를 듣게 되지. 이것은 빛이 소리보다 훨씬 빠르기 때문이야. 빛은 1초에 30만km를 이동하지만 소리는 1초에 340m를 이동한단다."

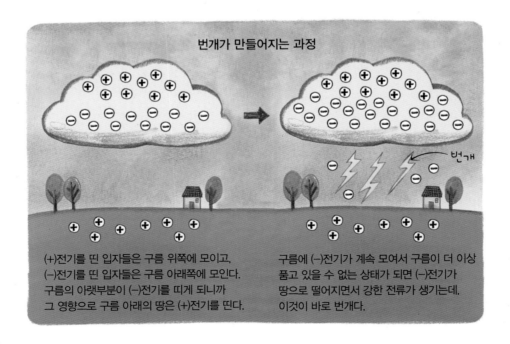

번개가 만들어지는 과정

(+)전기를 띤 입자들은 구름 위쪽에 모이고, (−)전기를 띤 입자들은 구름 아래쪽에 모인다. 구름의 아랫부분이 (−)전기를 띠게 되니까 그 영향으로 구름 아래의 땅은 (+)전기를 띤다.

구름에 (−)전기가 계속 모여서 구름이 더 이상 품고 있을 수 없는 상태가 되면 (−)전기가 땅으로 떨어지면서 강한 전류가 생기는데. 이것이 바로 번개다.

하얀 눈이 펑펑

날씨 깨비가 방망이를 두 번 휘두르자 갑자기 추운 겨울이 되었어요. 곧 하얀 눈이 **펑펑** 내리기 시작했어요.

"와, 눈이다!"

보리는 눈을 맞으며 빙그르르 돌았어요.

"눈은 주로 기온이 0℃에서 영하 10℃ 사이일 때 내려. 기온이 낮으면 구름 속의 작은 물방울이 응결핵과 결합하면서 곧바로 얼어붙어서 아주 작은 얼음 알갱이가 돼. 이 작은 얼음 알갱이는 아래로 내려오면서 다른 알갱이와 계속 합쳐져서 결국 눈송이가 되어 땅으로 떨어져."

"난 눈이 내리면 온 세상이 하얗게 뒤덮여서 좋아. 전에 방학 숙제로 눈을 관찰했는데 돋보기로 보니까 예쁜 모양들이 있었어."

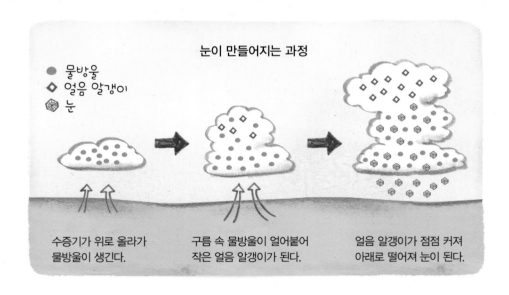

눈이 만들어지는 과정

● 물방울
◇ 얼음 알갱이
❀ 눈

수증기가 위로 올라가 물방울이 생긴다.

구름 속 물방울이 얼어붙어 작은 얼음 알갱이가 된다.

얼음 알갱이가 점점 커져 아래로 떨어져 눈이 된다.

"그래, 그건 눈의 결정이야. 눈 결정은 바늘 모
양, 각기둥 모양, 판 모양 등 다양해. 또 눈 결정은 온
도, 습도, 바람에 따라 모양이 달라져."

"아하하, 이 눈은 눈송이가 굵어서 눈사람 만들기 정말 좋다!"

귀리가 **까르르까르르** 웃으며 눈송이를 굴렸어요.

"눈은 여러 형태로 내려. 날씨가 아주 춥지 않은 날에는 눈송이
가 아주 큰 눈이 내리는데, 그게 함박눈이야. 함박눈은 눈송이가
굵고 탐스러워."

"그럼, 난 함박눈이 제일 좋아!"

귀리가 눈썰매를 타고 내려오며 소리쳤어요.

"하지만 날씨가 아주 춥고 바람이 강할 때는 가루눈이 내려. 눈
송이가 가루 모양인데, 잘 뭉쳐지지 않아."

"가루눈은 싫어. 함박눈이 많이 쌓여야 눈싸움도 할 수 있
고 눈썰매도 **신나게** 탈 수 있어."

보리도 눈 위를 미끄러지며 소리쳤어요.

"눈 중에 작고 단단한 가루처럼 생긴 것도 있지? 그것도 눈이 맞아?"

"응. 그것도 눈이야. 싸라기눈. 싸라기눈은 빗방울이 갑자기 찬 바람을 만나 얼어붙은 거야. **부스러진** 쌀알처럼 생겨서 싸라기눈이라고 해."

"하늘에서 얼음이 떨어지기도 하잖아. 우박이라고 하던가?"

"응. 우박은 커다란 적란운에서 생겨. 구름 속의 물방울이 위로 올라가면 얼어서 얼음 알갱이가 되고, 얼음 알갱이가 서로 뭉쳐지면 무거워져 아래쪽으로 내려오지. 이때 얼음 알갱이와 함께 구름 속의 물방울이 얼어붙어 더 커지면서 우박이 만들어져."

"우박이 떨어져서 채소밭이 망가졌다는 뉴스를 본 적이 있어."

"맞아. 농작물이 피해를 입거나 유리창이 깨질 수 있으니 조심해야 해."

날씨 깨비는 갑자기 조그마한 소리로 말했어요.

"그런데 혹시 눈이 내린 날에 주위가 **조용하다고** 느낀 적 있니?"

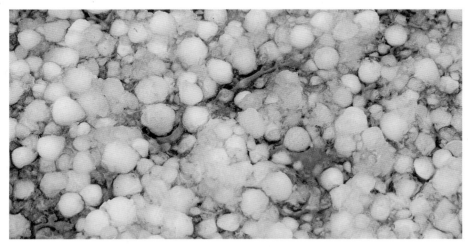

우박은 키가 큰 적운형 구름에서 만들어지며, 소나기가 올 때 우박이 내린다.
보통 지름 5mm를 기준으로 그보다 큰 것을 우박, 작은 것을 싸라기눈이라고 한다.

쌍둥이가 동시에 고개를 끄덕였어요.

"눈 결정을 자세히 보면, 눈 입자와 입자 사이에 틈새가 많이 있어. 이 빈 틈이 소리를 흡수해. 그래서 눈이 오는 날은 조용하게 느껴지는 거야."

"신기하다!"

"그러나!"

날씨 깨비가 **익살스러운** 표정으로 소리쳤어요.

"아이, 깜짝이야! 아직 설명이 끝난 게 아니었어?"

"킥킥, 응. 어떤 과학자들은 눈이 소리를 낸다는 사실을 알아냈어."

"좀 전에는 눈이 조용하다면서?"

귀리가 투정부리듯 말했어요.

"내 이야기를 마저 들어 봐. 눈이 물 위에 떨어지면 바로 녹으면서 물속 에 **공기 방울**이 생기는데, 이 작은 공기 방울은 빠르게 진동해. 이때 음파 가 발생하는데, 이 음파는 사람의 귀로는 들을 수 없지만 어쨌든 눈송이는 소리를 내는 거야. 그래서 일부 과학자들은 눈이 조용하지 않다고 말해."

"무슨 말인지 알겠어. 하지만 눈이 조용하든 조용하지 않든 나는 눈 오는 날이 정말 좋아. 특히 눈싸움이 최고로 좋아!"

언제 만들었는지 귀리가 눈뭉치를 날씨 깨비와 보리에게 던지며 **깔깔** 웃었어요.

온 세상이 조용한데 내 발자국 소리만 들려.

Q | 달 주변에는 왜 대기가 없을까?

A | 달의 중력이 지구 중력의 $\frac{1}{6}$ 밖에 되지 않아서 끌어당기는 힘이 약하기 때문에 달은 주변에 공기를 붙잡아 둘 수 없다. 그래서 달 주변에는 대기가 없는 것이다. 지구의 대기는 지구를 보호하고, 지구에서 우주로 빠져나가는 열을 붙잡아서 지구의 온도를 따뜻하게 유지시켜 준다. 또 태양에서 오는 해로운 자외선을 막아 준다. 하지만 달은 대기가 없어서 동식물이 숨을 쉴 수 없고 햇빛을 받는 곳과 받지 못하는 곳의 온도 차이가 크다. 또 우주에 떠다니는 운석들이 계속 떨어져 표면이 울퉁불퉁하다.

지구

달

Q | 따뜻한 기단과 차가운 기단이 만나면 어떻게 될까?

A | 차가운 기단이 따뜻한 기단 쪽으로 이동할 때는 차가운 공기가 따뜻한 공기를 파고들면서 한랭 전선을 만든다. 반대로 따뜻한 기단이 차가운 기단 쪽으로 이동하면 따뜻한 공기가 차가운 공기 위로 천천히 올라가면서 온난 전선을 만든다. 이때 두 기단의 힘이 비슷하면 정체 전선을 만든다. 우리나라 초여름에 생기는 정체 전선이 바로 장마 전선이고, 이때 비가 많이 내린다.

한랭 전선

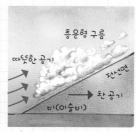
온난 전선

바닷가에서 낮과 밤에 바람이 어떻게 불까?

바람은 고기압에서 저기압으로 분다. 바닷가에서 낮에는 육지의 온도가 높기 때문에 육지 쪽 공기가 위로 올라가면서 육지 쪽으로 저기압이 형성된다. 따라서 바다에서 육지로 해풍이 분다. 반면 밤에는 바다의 온도가 높기 때문에 바다 쪽으로 저기압이 형성되어 육지에서 바다로 육풍이 분다.

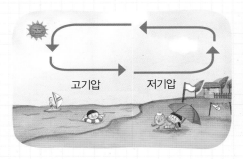

다음 일기도에 해당하는 계절은 언제일까?

일기도를 보면 우리나라에 북쪽 대륙에서 남쪽 바다로 바람이 분다. 북쪽 대륙에서 우리나라로 바람이 불어오는 계절은 겨울이다. 북쪽 대륙에서 불어 오는 바람은 춥고 건조하기 때문에 우리나라의 겨울은 춥고 건조한 것이다.

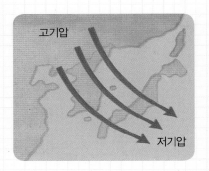

2장

깐깐 꼼꼼
일기 예보까지

하얀 작은 상자, 백엽상

"날씨 깨비! 지금까지 날씨에 대해서만 알려 주고, 진짜 궁금한 체험 학습 날의 날씨를 알려 주지 않았어!"

"맞아, 날씨 깨비! 언제 알려 줄 거니?"

귀리는 문득 날씨 깨비가 얄미웠어요. 대기, 바람, 비, 눈만 잔뜩 알려 주니, 더 뿔이 났지요. 이번에는 보리도 귀리의 말에 맞장구쳤어요.

"무적의 보리 귀리 특공대! 그렇다면 너희가 체험 학습 날 날씨를 직접 알아낼 수 있도록 해 줄게."

"우리가? 어떻게?"

보리와 귀리가 어리둥절했어요. 그 모습을 본 날씨 깨비는 씩 웃으며 말했어요.

"바로 일기 예보를 보면 되지."

"아, 맞다! 일기 예보 덕분에 지난 달에 비 오는 날을 피해 운동회를 했어. 비가 왔으면 운동회를 망쳤을 거야."

날씨 깨비가 일기 예보에 대한 이야기를 꺼내자, 귀리와 보리가 눈을 번쩍, 귀를 쫑긋하며 관심을 보였어요. 방금 전 뿔이 났던 것은 모조리 잊어버렸지요.

"너희들처럼 사람들은 특별한 일이 있을 때 그날의 일기 예보를 꼭 확인하지. 만약 급한 일이 있어서 지구 반대편으로 가는 비행기를 타야 하는데, 폭우가 쏟아지거나 폭설이 내리면 곤란하잖아."

"맞아. 그래서 일기 예보는 정말 중요해."

"그렇다면 날씨 깨비, 일기 예보는 어떻게 날씨를 맞히는 거니?"

"글쎄? 일기 예보를 아주 정확하게 하는 건 매우 어려워. 이제부터는 날씨가 어떻게 분석되어 일기 예보로 나오는지 알려 줄게."

"와, 정말 우리도 날씨를 알아맞힐 수 있는 거야?"

보리는 들뜬 목소리로 소리쳤어요.

날씨 깨비가 보리의 손을 잡으며 말했어요.

"보리야, 어서 귀리의 손을 잡아. 날씨를 알기 위해 둘러볼 것들이 많아. 서두르지 않으면 오늘 안에 다 보기 힘들어."

보리는 재빨리 귀리의 손을 잡았어요. 그러자 날씨 깨비는 또다시 하늘로 날아올랐어요.

이번에 도착한 곳은 보리와 귀리가 자주 놀러 가는 공원이었어요. 날씨 깨비는 공원 잔디밭 한쪽에 서 있는 작고 하얀 상자로 다가갔어요.

"역시 날씨 깨비는 내 마음을 잘 알아. 이 상자가 무엇에 쓰는 물건인지, 난 늘 궁금했어."

"이 상자는 백엽상이야. 가장 작은 기상 관측소지."

"기상 관측소?"

"기상 관측소는 땅 위의 대기 상태를 관측하는 곳이야. 기상 관측소에는 온도, 습도, 풍속, 풍향, 강수량 같은 것들을 측정하는 기기들이 있지."

"이 안에 그런 기기가 들어 있어?"

"응. 온도는 재는 장소에 따라 다르고, 같은 장소라도 높이에 따라 달라서, 이 백엽상이라는 상자 안에서 재는 거야."

날씨 깨비가 방망이를 휘두르자 백엽상의 문이 ▌나르르 열렸어요.

"백엽상의 가장 중요한 기능은 온도와 습도 측정이야. 백엽상 안에는 기온을 재는 온도계와 습도를 재는 습도계가 들어 있어. 또 온도 기록계와 습도 기록계가 들어 있어서 자동으로 작동하며 온도와 습도를 정확하게 기록하지."

"와, 대단하네. 단순한 상자가 아니었구나."

"백엽상을 세울 때는 몇 가지 주의할 점도 있어. 백엽상은 햇빛을 잘 흡수하지 않도록 겉면을 흰색으로 칠하고, 비나 눈이 들어가지 않으면서 바람이 잘 통하도록 판자 조각 여러 개를 비스듬히 쌓아서 만들어. 또 문을 열었을 때 온도계에 햇빛이 직접 닿지 않도록 문을 북쪽으로 향하게 하지."

"백엽상을 왜 이렇게 높게 세울까? 거의 내 키만큼 높아."

보리가 발뒤꿈치를 세우며 말했어요.

"백엽상의 밑면은 땅에서 1~1.5m 높이에 오도록 세워야 해. 이것은 햇빛이 땅에 반사되어 온도계와 습도계에 영향을 주지 않게 하려는 거야. 또 편평한 잔디밭이나 풀밭에 세우고, 주변에 건물이 없는 곳에 설치해야 해."

"어휴, 까다로워."

"이게 다 기상을 정확하게 측정하기 위해서지. 너희들 학교에도 백엽상이 있을 거야. 학교에 가면 한번 찾아보렴."

"그래야겠다!"

보리와 귀리는 백엽상 앞에 한참 서서 이리저리 살펴보았어요.

백엽상
백엽상에는 온도 기록계와 습도 기록계가 들어 있어서
자동으로 작동하며 분 단위로 온도와 습도를 정확하게 측정한다.

풍향계와 풍속계

휭휭, 어디선가 센 바람이 불어왔어요. 그때 나뭇잎 한 장이 바람을 타고 날아와 귀리의 얼굴에 붙었어요.

"킥킥, 바람이 네 얼굴을 싫어하나 봐."

보리가 귀리를 놀리자 귀리가 보리에게 혀를 **쏙** 내밀었어요.

"날씨 깨비, 바람은 힘이 얼마나 세? 나뭇잎 같이 가벼운 물체 말고 무거운 물체도 운반할 수 있어?"

"그건 바람의 세기에 따라 달라. 바람을 관측해 보면 알 수 있지."

"바람을 어떻게 관측하는데?"

아, 상쾌해. 이 바람은 어디서 불어올까?

으악, 이게 뭐야?

아, 어지러워!

"바람을 관측할 때는 바람이 불어오는 방향인 풍향과 바람의 세기인 풍속을 관측해."

"바람이 부는 방향은 연기나 깃발이 움직이는 모습을 보고 **대충** 짐작할 수 있잖아."

"맞아. 하지만 정확하게 측정하려면 풍향계를 사용해. 풍향계의 화살이 가리키는 쪽이 바람이 **불어오는** 방향이지. 풍향계의 바늘이 10분 동안 움직이는 방향을 평균해서 풍향을 결정해. 왜냐하면 풍향이 조금씩 계속 변하기 때문이지."

"바람의 세기는 어떻게 나타내?"

"바람의 세기는 바람이 1초 동안 몇 m 움직였는지를 측정해서 나타내지. 어떤 바람이 1초 동안에 10m를 움직였다면 초속 10m라고 해."

지금 북동쪽에서 바람이 불어와.

"그렇다면 바람의 세기를 측정하는 기구도 있겠군."

귀리가 **팔짱을 끼고** 말했어요.

"그럼, 풍속은 풍속계로 재. 풍속도 풍향처럼 시시각각 변하기 때문에 관측 시각 전 10분 동안의 풍속을 평균하여 정하지."

"저건 뭐야? 바람개비랑 비슷한 것 같기도 하고."

보리가 특이하게 생긴 기기를 가리켰어요.

"그건 로빈슨 풍속계야. 로빈슨 풍속계는 반구 모양의 컵 3~4개가 막대에 달린 풍속계야. 아일랜드 천문학자 존 로빈슨이 처음 만들어서 그의 이름을 붙였지."

"😊─😊─😊, 이건 꼭 자루처럼 생겼네."

귀리가 웃음을 터뜨렸어요.

"그건 바람자루란다. 바람자루는 얇은 천으로 만든 풍향계로, 원뿔 모양의 자루 같이 생겼어. 비행장이나 고속도로에서 바람의 방향을 알려 주려

둥근 공을 반으로 자른 모양이네.

로빈슨 풍속계
바람이 불면 컵이 돌아가는데, 컵이 돌아가는 횟수를 측정하여 바람의 속도를 구한다. 먼 거리에서도 바람의 세기를 측정할 수 있다.

고 매달아 놓지."

"비행기 조종사가 비행장에 내릴 때 멀리서도 바람의 방향과 속도를 쉽게 알 수 있겠구나. 근데 한번에 풍향과 풍속을 관측할 방법은 없어?"

귀리가 묻자 보리도 날씨 깨비의 대답에 귀를 **기울였어요.**

"물론 있지. 풍향 풍속계로 풍향과 풍속을 동시에 관측할 수 있어. 현재 기상청이나 기상 관측소에서는 풍향 풍속계인 에어로벤을 주로 사용하고 있단다."

"이런 기구가 만들어지기 전에는 어떤 방법으로 풍속을 측정했어?"

"뭘 그런 걸 물어? 눈으로 대충 쟀겠지."

보리와 귀리가 **티격태격하자** 날씨 깨비가 나섰어요.

"자, 내가 설명해 줄게. 다투지 말고 들어 봐. 풍속계가 만들어지기 이전에는 바람의 세기를 표시하는 풍력 계급이 있었어. 기계를 사용하지 않고 눈으로 바람을 측정한 거야."

꼭 자루같이 생겼는데, 이게 풍향계라고?

바람자루
바람자루는 풍향에 따라 쉽게 방향을 바꿀 수 있도록 기둥에 달아 놓는다.

풍향과 풍속을 동시에 잰다고? 능력이 뛰어난걸.

에어로벤
풍향계에 팔랑개비를 달아 바람의 방향과 속도를 함께 관측할 수 있게 만든 장치이다.

보퍼트 풍력 계급

1805년에 영국의 해군 제독인 프랜시스 보퍼트는 오랫동안 바다를 오가며 돛의 수와 바람의 세기 사이의 관계를 발견하고, 그에 따라 바람의 등급을 나누었지요. 이것이 보퍼트 풍력 계급이에요. 현재 사용하는 것은 1964년에 개정한 것이에요.

계급	이름	풍속(m/s)	육지에서의 상태	바다에서의 상태
0	고요	0~0.2	연기가 똑바로 올라간다.	수면이 잔잔하다.
1	실바람	0.3~1.5	연기의 흐름으로 풍향을 알 수 있으나 풍향계는 움직이지 않는다.	비늘과 같은 잔물결이 인다.
2	남실바람	1.6~3.3	나뭇잎과 잔가지가 흔들리고, 깃발이 흔들린다.	잔물결이 뚜렷해진다.
3	산들바람	3.4~5.4	나뭇잎이나 가지가 움직인다.	물결이 약간 일고 때로는 흰 물결이 많아진다.
4	건들바람	5.5~7.9	작은 나뭇가지가 흔들리고 먼지가 일고 종잇조각이 날린다.	물결이 높지 않으나 흰 물결이 많아진다.
5	흔들바람	8.0~10.7	작은 나무가 흔들리고 연못이나 늪의 물결이 뚜렷해진다.	작은 물결이 인다.
6	된바람	10.8~13.8	큰 나뭇가지가 흔들린다. 전선이 울리고, 우산을 사용하기 어렵다.	큰 물결이 일기 시작하고 흰 거품이 있는 물결이 많이 생긴다.

계급	이름	풍속(m/s)	육지에서의 상태	바다에서의 상태
7	센바람	13.9~17.1	큰 나무 전체가 흔들린다. 바람을 안고 걷기가 어렵다.	물결이 커지고, 물결이 부서져서 생긴 하얀 거품이 흘러간다.
8	큰바람	17.2~20.7	작은 가지가 부러진다. 바람을 안고 걸을 수 없다.	큰 물결이 높아지고 물결의 꼭대기에 물보라가 날리기 시작한다.
9	큰센바람	20.8~24.4	굴뚝이 넘어지고 기왓장이 벗겨지며 간판이 날아간다.	큰 물결이 더욱 높아진다. 물보라 때문에 시야가 나빠진다.
10	노대바람	24.5~28.4	큰 나무가 뿌리째 쓰러지고, 건물에 큰 피해가 있다. 육지에서는 드물다.	물결이 아주 크고 바다 전체가 흰 거품으로 뒤덮이고 물결이 격렬하게 부서진다.
11	왕바람	28.5~32.6	건물이 크게 부서지며 큰 피해를 입게 된다. 아주 드물다.	산더미 같은 아주 큰 파도가 인다.
12	싹쓸바람	32.7 이상	피해가 말할 수 없이 아주 크다.	파도와 물보라가 아주 크게 일고, 시야가 아주 나빠진다.

하늘로 띄우다, 라디오존데

"**커다란** 풍선이다!"

"풍선 아래쪽에 물체가 달려 있어!"

귀리와 보리가 하늘을 보며 소리쳤어요.

"저건 라디오존데를 매단 기구야. 라디오존데는 대기 위쪽의 기상 상태를 직접 관측해서 땅에 있는 관측소로 보내 주지. 라디오존데 안에는 기압계, 온도계, 습도계, 무선 송신기 등이 들어 있어."

"중간에 낙하산 같은 건 뭐야?"

"낙하산이 맞아. 대기 중에서 기구가 터지거나 손상되었을 때 라디오존데가 **서서히** 아래로 내려올 수 있도록 낙하산을 매달아 놓은 거지."

"아, 안전을 위해서구나."

"그렇지. 라디오존데가 보내오는 자료들은 대기에서 직접 측정한 것이기 때문에 매우 정확해. 그래서

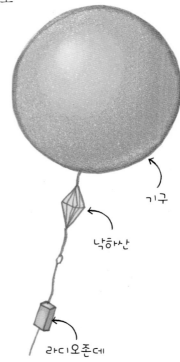

기구

낙하산

라디오존데

수소나 헬륨을 채운 커다란 기구에 라디오존데를 매달아 하늘로 띄워 보내면 라디오존데는 대기 중의 각종 기상 요소를 모은다.

라디오존데야, 어서 올라가. 대기의 기상 상태를 모아 관측소로 보내 주렴.

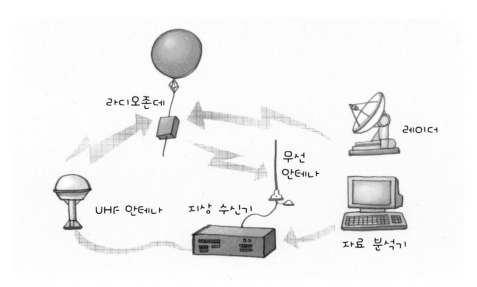

레이더가 기구의 위치를 추적하고, 라디오존데는 올라가면서
대기 상태를 관측해 그 자료를 땅에 있는 관측소로 보낸다.

라디오존데 덕분에 기상 관측의 정확도를 높일 수 있지."

"어떻게?"

"예를 들면 기압이 어떻게 발달하고 이동하는지, 그리고 어떻게 힘을 잃고 사라지는지를 알 수 있어. 또 이 과정에서 어떤 구름이 어떻게 생기는지 알 수 있고, 구름을 통해서 비나 눈이 올 가능성도 예측할 수 있지."

"라디오존데는 비나 눈을 맞아도 괜찮은 거야?"

"물론이지. 비나 눈이 올 때도 사용할 수 있고, 바다나 건조한 사막 쪽 대기에서도 사용할 수 있어."

"라디오존데는 누가 띄워?"

귀리가 다급히 물었어요.

"귀리가 라디오존데에 관심이 많은가 보네. 1963년에 세계기상기구(WMO)가 기상 관측과 일기 예보에 대해 전 세계의 협조를 받기 위해 세계기상감시계획(WWW)이라는 조직을 세웠어. 세계기상감시계획에 참여하는 나라들은 기상 관측소에서 하루 두 번, 같은 시간에 라디오존데를 띄우고 거기서 얻은 자료를 세계기상감시계획에 보내."

"세계기상감시계획에서는 라디오존데가 보내온 자료를 모아 어디에 사용하는데?"

"세계 여러 나라의 자료를 한곳에 모아 세계기상감시계획 회원국들에게 보내 주지. 어느 나라든지 날씨를 정확하게 예측하기 위해서는 자기 나라뿐만 아니라 다른 나라의 기상 자료도 필요하거든."

"와, 날씨를 예측하기 위해서 여러 나라들이 함께 노력하고 있구나. 그렇다면 당연히 우리나라도 라디오존데를 띄우고 있겠지?"

"물론이지. 우리나라는 우리 시간으로 오전 9시와 오후 9시, 하루 두 차례 라디오존데를 띄우고 있지. 경상북도 포항, 강원도 속초, 경기도 백령도, 전라남도 흑산도, 제주도 고산에 있는 기상청 다섯 군데와 경기도 오산과 전라남도 광주에 있는 공군 기지에서 라디오존데를 띄워."

"와, 그렇게나 많이?"

귀리는 눈을 휘둥그레 떴어요.

"하늘로 올라간 라디오존데는 어떻게 돼? 사람들이 계속 라디오존데를 띄우면 하늘을 가득 채울 것 같아."

보리가 묻자 날씨 깨비는 웃으며 말했어요.

"걱정하지 마. 라디오존데는 약 1시간 30분~2시간 정도 떠오르다가

낙하 존데야, 태풍의 중심부를 잘 관찰해 줘.

30km 높이에 도달하면 기구가 크게 팽창해서 펑 하고 터져. 그러면 라디오존데는 낙하산에 매달린 채 땅으로 떨어지지."

"땅에 떨어진 라디오존데를 찾고 싶어."

귀리의 말에 날씨 깨비가 나직한 소리로 말했어요.

"그건 아주 운이 좋아야 가능해."

"난 운이 좋은 귀리니까 찾을 수 있을 거야!"

귀리가 소리치자 날씨 깨비가 그 모습을 보고 방긋 웃었어요.

"어쩌면 낙하 존데를 찾을 수도 있겠다. 비행기에서 라디오존데를 낙하산에 매달아 떨어뜨리는 걸 낙하 존데라고 해. 주로 태풍의 중심부를 관찰할 때 사용하지."

"누나, 나 낙하 존데 찾으러 갈래."

귀리가 주먹을 불끈 쥐었어요.

"바다나 사막 같은 곳에서도 낙하 존데를 떨어뜨리니까 찾는 게 쉽진 않을 거야."

"에그, 귀리야! 가긴 어딜 간다고!"

날씨 깨비는 쌍둥이를 보며 웃었어요.

낙하 존데

기상 위성이 지구 위를 빙빙

기상 위성에서 찍은 지구의 기상 사진이다. 우리나라 주변 구름의 모습을 보여 준다.

날씨 깨비가 **방망이**를 휘두르자 사진 몇 장이 나왔어요.

"어, 이 사진 본 적 있어. 일기 예보에서 기상 캐스터 뒤쪽에 나오는 구름 사진이잖아."

귀리가 사진을 보고 소리치자 보리가 말했어요.

"나도 본 적이 있어. 날씨 깨비, 이건 뭘 찍은 사진이야?"

"이건 지구의 기상 상태를 찍은 사진이야. 기상 위성이라는 인공위성에서 지구를 찍은 거지."

"기상 위성은 라디오존데랑 다른 거지?"

"응, 다르지. 기상 관측소나 라디오존데는 온도, 습도 같은 대기의 상태를 직접 측정해. 하지만 기상 위성은 저기압이나 전선의 정확한 위치와 크기 등을 관측한단다."

"그런 건 왜 관측하는데?"

"더 정확한 정보를 알기 위해서야. 기상 위성이 여러 자료들을 관측소로 보내 주면, 그것을 분석해서 날씨를 예측하지."

"일기 예보는 기상 위성 덕분에 정확해진 거구나."

"기상 위성, 기특하네。"

귀리가 맞장구치며 감탄했어요.

"그렇지. 물론 날씨는 시시각각 변하기 때문에 예측한 정보와 달라지기도 하지만, 기상 위성 덕분에 날씨를 좀 더 정확하게 알게 되었어. 우리나라는 2010년 6월 27일에 천리안 위성을 발사하면서 우리나라만의 기상 위성 자료를 갖게 되었지."

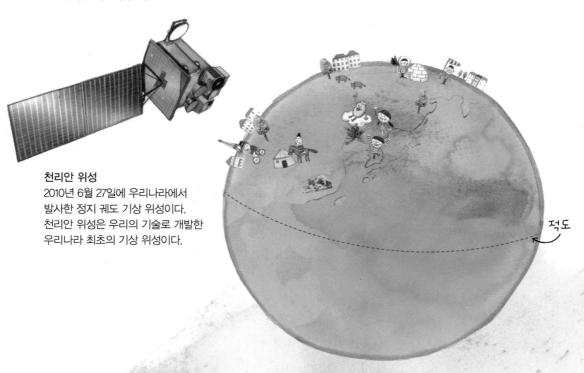

천리안 위성
2010년 6월 27일에 우리나라에서 발사한 정지 궤도 기상 위성이다. 천리안 위성은 우리의 기술로 개발한 우리나라 최초의 기상 위성이다.

적도

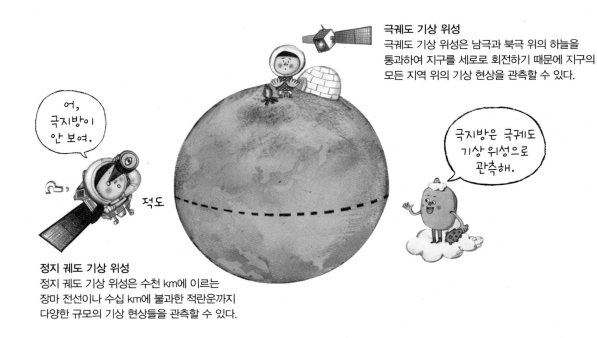

극궤도 기상 위성
극궤도 기상 위성은 남극과 북극 위의 하늘을 통과하여 지구를 세로로 회전하기 때문에 지구의 모든 지역 위의 기상 현상을 관측할 수 있다.

어, 극지방이 안 보여.

극지방은 극궤도 기상 위성으로 관측해.

적도

정지 궤도 기상 위성
정지 궤도 기상 위성은 수천 km에 이르는 장마 전선이나 수십 km에 불과한 적란운까지 다양한 규모의 기상 현상들을 관측할 수 있다.

"와, 우리나라도 기상 위성을 발사했구나. 근데 기상 위성은 모두 똑같은 거야?"

"아니, 기상 위성에도 종류가 있어. 우리나라 천리안 위성 같은 정지 궤도 기상 위성과 극궤도 기상 위성이 있지. 정지 궤도 기상 위성은 지구 적도 위 약 36,000km 높이에 떠 있으면서 **지구를 따라** 돌고 있어. 그래서 지구에서 보면 이 위성의 위치는 변하지 않아. 정지 궤도 기상 위성은 특정한 지역을 연속해서 관측해. 보통 1시간 주기로 24시간을 관측하는데, 30분 동안 관측하고, 30분 동안 자료를 기상청으로 보내지."

"정지 궤도 기상 위성이 적도 위에 있으면, 적도에서 멀리 떨어진 다른 지역은 어떻게 관측해?"

"와, **똑똑한** 보리. 그게 바로 정지 궤도 기상 위상의 단점이야. 이 위성은 적도 위에만 떠 있기 때문에 극지방의 대기 상태는 거의 관측할 수 없어. 이런 단점을 보완하기 위해서 만든 것이 극궤도 기상 위성이야."

"역시 다른 방법이 있을 줄 알았어!"

보리가 말하자 날씨 깨비는 눈을 **찡긋하며** 웃었어요.

"극궤도 기상 위성은 지상 850km 높이에서 남극과 북극을 오가며 지구의 기상을 관측해. 정지 궤도 기상 위성이 관측하기 어려운 극지방의 하늘을 관측하는 거지. 극궤도 기상 위성은 정지 궤도 기상 위성보다 훨씬 낮은 곳에 떠 있기 때문에 훨씬 더 선명한 영상 자료를 찍어서 보내온단다."

보리와 귀리는 고개를 끄덕였어요.

☀ 기상 위성은 완벽할까?

기상 위성이 우리에게 정확한 기상 정보를 알려 주지만 단점도 있다. 기상 위성의 장단점을 알아보자.

장점
- 열대 우림, 사막, 바다, 극지방과 같이 사람이 접근하기 어려워 정기적으로 기상 관측을 할 수 없는 지역의 기상을 관측할 수 있다.
- 태풍이나 장마 전선처럼 넓은 범위에서 일어나는 기상 현상을 관측할 수 있다.

단점
- 백엽상이나 라디오존데 등 지상에서 관측한 자료에 비해 오차가 크다.
- 값비싼 장비가 필요하다.
- 자료의 양이 엄청 많아서 필요한 자료를 선택하고 처리하기가 어렵다.

전자기파를 쏘다, 기상 레이더

"이 사진은 뭐야? 아까 봤던 기상 위성 사진과 다른데?"

"이건 레이더 영상이라는 거야. 레이더는 전자기파를 목표 물체에 쏘아서 그 반사 파동을 받아 목표 물체를 찾아내는 전자 장치이지."

"어려워, 다시 설명해 줘."

날씨 깨비가 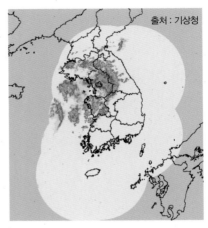뿔을 한 번 쓰다듬자 어디선가 개구쟁이 같은 목소리가 흘러나왔어요.

기상 레이더 분석 영상이다. 우리나라 강수의 위치와 범위를 보여 준다.

출처 : 기상청

"산꼭대기에 올라 맞은편에 있는 바위산을 향해 '야호.' 하고 소리치면 바위산 쪽으로 음파, 즉 소리의 파동이 이동해 바위산에 부딪쳐요. 그리고 이 음파는 다시 반사돼서 메아리가 되어 산 쪽으로 되돌아와요."

"앗, 어디서 나오는 목소리야? 내 짝꿍 민재 목소리 같아."

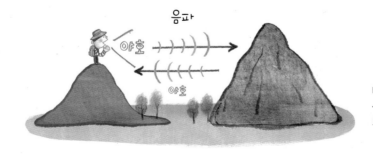

메아리는 소리의 파동이 다른 산에 부딪쳐 반사되어 다시 되울려오는 소리이다.

"내 뿔에서 나온 음성 지원 서비스야."

귀리가 부러운 듯 날씨 깨비의 뿔을 바라봤어요.

"짝꿍의 말처럼 메아리와 레이더의 원리가 비슷해."

"메아리의 원리는 이해했어. 하지만 레이더로 기상을 관측하는 과정은 잘 모르겠어."

보리가 시무룩하게 말했어요.

"레이더에서 쏜 전자기파가 구름이나 빗방울에 부딪쳐서 되돌아오면 그 전자기파를 분석해서 비가 내릴 지역과 강수량 등을 예측하는 거야. 주로 호우나 우박 등과 같은 돌발적인 기상 현상과 태풍을 추적하고 감시하는 데 레이더를 이용하지."

"우리나라는 과학 기술이 발달했으니까, 당연히 기상 레이더가 있겠지?"

"응, 우리나라는 1969년에 처음으로 서울 관악산에 기상 레이더를 설치했어. 지금은 전국적인 기상 레이더 관측 체계를 세우고, 관측한 영상 자료를 10분마다 분석하고 처리해서 일기 예보에 사용하고 있단다."

레이더에서 쏜 전자기파때문에 내 정체가 들통났어.

레이더에서 쏜 전자기파가 구름에 부딪쳐서 되돌아왔어. 전자기파를 분석해서 날씨를 예측할 거야.

복잡한 관측 결과를 척척, 슈퍼컴퓨터

날씨 깨비가 방망이를 두 번 휘두르자, 보리와 귀리를 태운 **구름**이 빠른 속도로 이동했어요.

"여기는 기상청의 컴퓨터 실이야. 우리나라는 기상청에서 기상을 관측하고 예보하는 일을 해. 앞에서 얘기한 다양한 기상 관측 장비로 관측한 자료들을 모아서 그 내용을 분석하지."

"아주 **복잡한** 일일 것 같은데. 그 일을 누가 해?"

귀리가 고개를 갸우뚱했어요.

"바로 슈퍼컴퓨터가 하지. 기상청에서는 용량이 크고 좋은 슈퍼컴퓨터를 사용하는데, 슈퍼컴퓨터는 기온, 기압, 습도, 풍향, 풍속, 기단의 움직임 등 날씨에 영향을 미치는 요소들을 장소와 시간을 고려해서 계산해."

"슈퍼컴퓨터, 들어본 적은 있지만 어떤 건지는 잘 몰라."

"슈퍼컴퓨터는 성능이 아주 **뛰어나서** 많은 양의 데이터를 엄청 빠

우리 누가 계산이 빠른지 내기해 볼까?

떽! 나 슈퍼컴퓨터는 너희들 6억 명이 1년간 계산할 양을 1초 만에 계산한다고.

른 속도로 처리하지. 현재 우리나라 기상청의 국가 기상 슈퍼컴퓨터 센터에서는 2010년에 도입한 슈퍼컴퓨터 3호기를 사용하고 있어."

"슈퍼컴퓨터는 엄청 **똑똑하구나.** 난 구구단 외우는 것도 어려운데."
귀리가 머리를 긁적였어요.

날씨 깨비는 슈퍼컴퓨터에 대해 좀 더 자세하게 알려 주었어요.

"슈퍼컴퓨터가 관측 자료를 계산할 때는 수치 예보 모델이라는 컴퓨터 프로그램을 사용해. 수치 예보 모델은 기상 관측 자료를 바탕으로 수식을 계산해서 날씨를 예측하지. 수치 예보 모델 중에서 가장 일반적인 모델이 격자 모델이야. 격자는 **바둑판** 처럼 가로세로를 일정한 간격으로 직각이 되게 짠 구조야."

"격자라고?"

"응, 지구의 대기를 격자 모양으로 나누어 각 격자점에 바람, 기온, 습도 등의 자료를 입력해서 이것을 수학적으로 계산하지."

수치 예보 모델은 둥근 지구를 평평한 사각형에 나타내.

수치 예보 모델
수치 예보 모델은 격자점 사이의 간격이 약 25km이다.
이 격자점의 지구 대기 자료를 이용하여 날씨를 예측한다.

"슈퍼컴퓨터에 수치 예보 모델까지 사용하는데, 왜 일기 예보가 정확하지 않은 거야? '내일은 맑겠습니다.' 하고서는 비가 오는 일이 있잖아?"

귀리가 얼굴을 **잔뜩 찌푸리며** 물었어요.

"슈퍼컴퓨터의 성능이 아무리 뛰어나고 수치 예보 모델이 제아무리 정교해도 다양한 이유로 오차가 생겨. 그래서 날씨를 정확하게 예보하기 매우 어려운 거고. 이때 오차는 측정한 값과 실제 값 사이의 차이를 말해."

"왜 오차가 생길까?"

"우선 둥근 지구를 격자 모양으로 나누어서 차이가 생겨. 공간적으로, 시간적으로 이어져 있는 대기를 가로세로 격자로 자른 뒤 다시 격자를 이어 붙이다 보니 실제 대기와 달라져서 오차가 생기는 거야."

"지구가 상자 모양이면 오차가 없겠네."

귀리가 **킥킥** 웃으며 말했어요.

"그런데 수치 예보 모델은 우리나라가 만든 거야?"

"아니, 아직 우리나라만의 독자적인 수치 예보 모델이 없어. 현재 한창 개발하고 있지. 우리나라는 1990년대 후반에는 일본에서 개발한 모델을 들여와 우리나라에 맞게 수정해서 사용했고, 2009년부터는 영국의 수치 예보 모델을 들여와 사용하고 있어."

"잠깐! 뭔가 이상해. 우리나라는 영국이나 일본처럼 섬이 아니잖아?"

보리의 지적에 날씨 깨비가 손가락을 튕기자 팡파르와 폭죽이 터졌어요.

"좋은 질문이야. 우리나라는 대륙 끝에 있고 삼면이 바다로 둘러싸여 있잖아. 그래서 일본이나 영국의 수치 예보 모델이 아무리 우수해도 우리나라 지형과 달라서 우리나라 날씨를 정확하게 예측하는 데는 한계가 있지."

"하루빨리 우리나라의 수치 예보 모델이 개발되어야겠다."

☀ 수치 예보와 나비 효과 📢

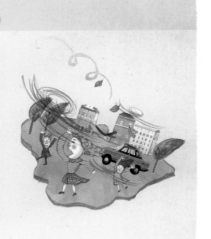

나비 효과라는 말은 나비의 날갯짓처럼 아주 작은 움직임이 폭풍우와 같은 커다란 변화를 가져올 수 있다는 뜻이다. 나비 효과를 잘 보여 주는 것이 바로 수치 예보이다. 수치 예보를 할 때 생긴 아주 작은 오차는 하루나 이틀 뒤의 날씨를 예보할 때는 영향을 크게 미치지 않지만, 일주일이나 한 달 뒤의 일기 예보를 할 때는 그 오차가 엄청 커져서 전혀 다른 결과를 가져온다. 그래서 일기 예보는 한참 뒤의 예보일수록 정확성이 떨어진다.

내일의 날씨입니다

날씨 깨비가 방망이를 두 번 휘둘렀어요. 그러자 갑자기 사람들이 많아졌어요. 사람들은 몹시 바빠 보였어요.

"앗, 여기가 어디야?"

"여기는 기상청에 있는 회의실이야."

"다른 사람들이 네 모습을 보면 안 되잖아!"

"괜찮아, 사람들에게는 우리가 안 보여."

쌍둥이는 안도의 **한숨** 을 내쉬었어요.

"그런데 여긴 왜 온 거야?"

"너희들에게 일기 예보 준비 과정을 보여 주려고. 텔레비전 뉴스에서 '내일의 날씨입니다.'라는 말과 함께 일기 예보 방송이 시작되잖아. 일기 예보의 방송 시간은 몇 분이 안 될 정도로 매우 **짧아.** 하지만 일기 예보를

🌑 일기 예보 과정

1 온도계, 기압계, 풍향계, 풍속계, 라디오존데, 기상 위성, 레이더 등을 모두 이용해서 가능한 정확하게 대기 상태를 측정한다.

2 모은 관측 자료를 바탕으로 슈퍼컴퓨터가 자료를 분석하여 일기도를 만든다.

준비하는 시간은 아주 길고, 준비 과정도 복잡하단다."

날씨 깨비가 뿔을 쓰다듬자, 여자아이의 목소리가 흘러나왔어요.

"기상청에서 일기 예보를 만드는 과정은 관측과 자료 수집, 자료 처리와 분석, 일기 예보 생산과 일기도 작성, 일기 예보 발표 등 네 단계로 나눌 수 있어요. 첫 번째 단계인 관측과 자료 수집은 말 그대로 여러 기상 관측 장비를 이용하여 지구의 대기 상태를 관측하는 거예요."

"이번 목소리는 동네 친구 세영이 같아. 오, 세영이 똑똑한데!"

설명을 듣던 귀리가 씩 웃으며 말했어요.

"귀리는 내 목소리보다 세영이 목소리가 좋은가 보다."

날씨 깨비가 살짝 삐친 듯 입을 삐죽였어요.

"아냐, 날씨 깨비! 난 네 목소리가 더 좋아. 귀에 쏙쏙 들어온다고."

그러자 날씨 깨비가 활짝 웃으며 말했어요.

"그럼 이번에는 내가 알려 줄게. 두 번째로 자료 처리와 분석을 해야 해.

3 예보 분석관들이 날씨를 예측하고 슈퍼컴퓨터가 만든 일기도를 보다 정확하게 만든다.

4 방송, 신문, 인터넷을 통해 일기 예보를 전한다.

수집된 자료 중에서 필요한 것만 골라내고, 이 자료들을 슈퍼컴퓨터에 넣으면 컴퓨터가 자료를 분석해서 일기도를 만들어. 일기도는 어떤 지역의 일정한 시각 또는 시간대의 일기 상태를 그림으로 나타낸 거야."

"관측기구나 컴퓨터만 일하는 것은 아니지?"

"당연하지. 관측기구와 컴퓨터가 아무리 좋아도 사람들, 즉 예보 분석관이 없으면 일기 예보는 불가능해. 이제 예보 분석관들이 나서서 일할 차례야. 예보 분석관들은 기상학에 대한 지식과 오랜 경험을 바탕으로 슈퍼컴퓨터가 만든 일기도를 좀 더 정확하게 만들지. 마지막으로 완성된 일기 예

서해안에서 시작된 비구름이 동쪽으로 이동하겠습니다.

보를 기상청 홈페이지에 게시하고 신문사와 방송사, 방재기상정보시스템, 군대 등에 알려 줘. 이것이 우리가 매일 보고 듣는 일기 예보란다."

"일기 예보 방송을 만드는 과정이 **궁금해.**"

보리의 말이 끝나자마자, 일기 예보 스튜디오가 눈앞에 나타났어요. 텔레비전에서 보았던 기상 캐스터가 파란색 스크린 앞에 서 있었어요.

"일기 예보 방송에서는 카메라로 찍은 기상 캐스터의 모습과 구름의 움직임을 보여 주는 레이더 영상이나 기상 위성의 영상을 합성해서 보여 줘."

"저 파란색 스크린은 뭐야?"

"기상 캐스터가 파란색 스크린 앞에서 구름을 가리키는 것처럼 동작을 취하면서 '서해안에서 시작된 비구름이 동쪽으로 이동하겠습니다.'와 같이 말하면, 기상 캐스터의 뒤쪽에 구름 영상을 입혀서 시청자가 화면 속의 구름이 움직이는 것을 볼 수 있도록 만들지."

"**우아, 신기하다!**"

보리와 귀리가 감탄했어요.

서해안에서 시작된 비구름이 동쪽으로 이동하겠습니다.

텔레비전 방송에는 파란색 스크린에 구름 영상이 입혀져서 나와!

일기도를 읽어 봐

"이 그림, 무척 **복잡해.**"

보리가 신문의 그림을 가리키며 말했어요.

"그게 바로 일기도야. 정확한 일기 예보를 위해서는 일기도 작성이 아주 중요해."

"일기도 안에 기호와 숫자가 아주 많아."

"맞아. 기호와 숫자를 일기 기호라고 부른단다. 일기도에는 다양한 기상 정보들이 들어 있고 일기도를 이해하려면 일기 기호를 알아야 해. 일기도 위에 **구불구불한** 선이 보이지? 그게 등압선이야. 등압선은 일기도에서 기압이 같은 곳을 연결한 선인데, 고기압과 저기압의 분포를 나타내지."

출처 : 기상청

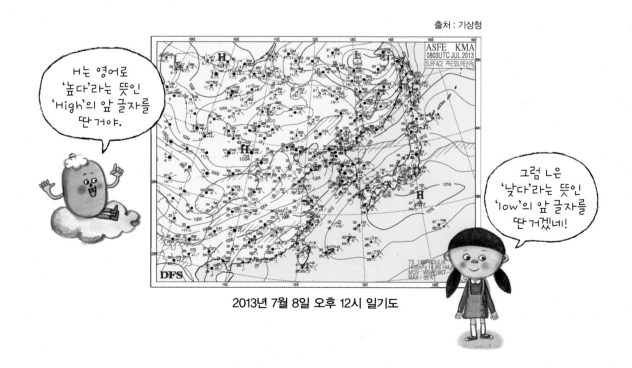

H는 영어로 '높다'라는 뜻인 'High'의 앞 글자를 딴 거야.

그럼 L은 '낮다'라는 뜻인 'low'의 앞 글자를 딴 거겠네!

2013년 7월 8일 오후 12시 일기도

"등압선의 간격이 제각각이야."

귀리가 등압선의 간격을 재며 말했어요.

"응. 등압선의 간격을 보면 바람의 세기를 알 수 있어. 등압선 간격이 좁을수록 바람의 세기가 강해. 왜 그럴까?"

"글쎄. 등압선은 기압이 같은 곳을 연결한 것이니까……."

귀리가 말끝을 흐리며 날씨 깨비를 보았어요.

"그래. 기압과 관련이 있지. 바람은 고기압에서 저기압으로 불고, 기압 차이가 클수록 속도가 빨라. 그래서 등압선 간격이 좁으면 기압 차이가 커서 바람이 세게 부는 거지."

날씨 깨비는 일기도에 등압선과 다양한 일기 기호가 있고, 일기 기호는 바람의 방향과 속도, 구름의 양, 전선의 종류 등을 나타낸다고 했어요.

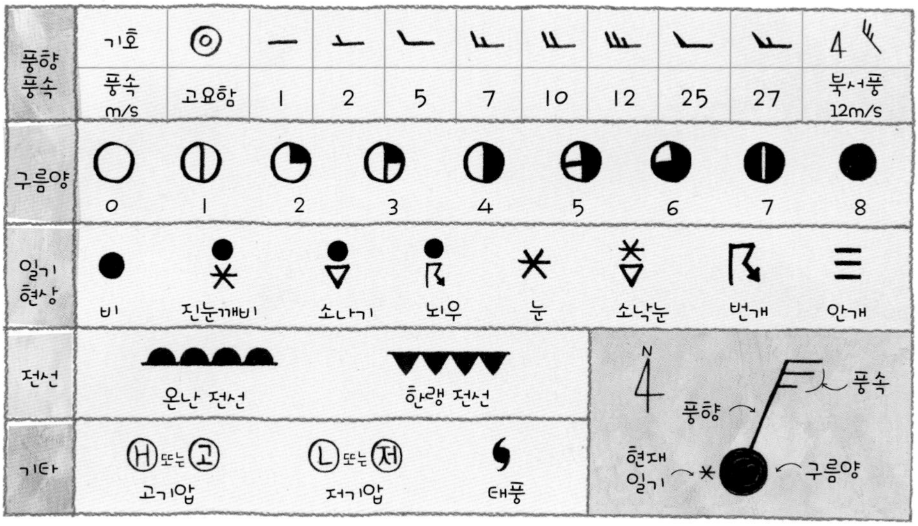

일기도에 쓰이는 일기 기호

"이제 간단한 일기도를 한번 읽어 볼래? 내가 일기도를 몇 장 보여 줄게. 우선 우리나라 여름과 겨울의 날씨 일기도야."

"아직 자신 없는데."

귀리가 작은 목소리로 말했어요.

"그럼, 내가 한번 해 볼게."

보리가 말하자 날씨 깨비가 눈을 찡긋하며 일기도를 가리켰어요.

"여름 일기도를 읽어 볼 수 있겠니?"

"이 일기도를 보면 남쪽 바다에서 북쪽 대륙으로 바람이 불어. 그리고 등압선 간격이 넓은 걸 보니 바람이 약하게 불고 있어."

날씨 깨비가 박수를 쳤어요. 곧이어 팡파르와 폭죽이 터지고 종이 꽃가루가 펄펄 날렸어요. 귀리가 부러운 표정으로 바라보자, 보리는 어깨를 으쓱해 보였지요.

"이번에는 겨울 일기도를 볼까? 북서쪽 대륙에 고기압이 있고, 동쪽 바

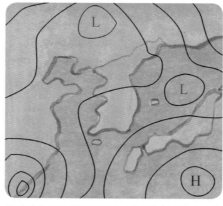

우리나라 여름 일기도이다. 여름에는 남쪽 바다에서 북쪽 대륙으로 바람이 약하게 분다.

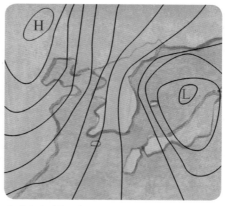

우리나라 겨울 일기도이다. 겨울에는 북쪽 대륙에서 남쪽 바다로 바람이 강하게 분다.

다에 저기압이 있으니까 바람은 대륙에서 바다로 불어. 등압선 간격이 좁은 걸로 보아 바람이 세게 불겠지."

"그래서 겨울이 추운 거구나."

귀리가 손뼉을 치며 외쳤어요.

"그렇지. 이번에는 아래 일기도를 보고 날씨를 예측해 보자."

"서울은 구름이 없어 맑지만 바람이 불어. 풍향은 북동풍이고, 풍속은 초속 2m야. 부산은 구름이 아주 조금 끼어 있고, 바람이 불지 않아."

"와, 귀리도 이제 일기도 박사가 되었구나."

"나도 알아. 제주도에는 구름이 많이 끼고 흐려. 또 초속 5m의 남동풍이 불고 있지."

"일기 기호를 이해하니까 일기도를 재미있게 읽을 수 있지?"

날씨 깨비가 활짝 웃자 보리과 귀리도 함박웃음을 지었어요.

서울은 날씨가 맑고 제주도는 흐리구나.

 Q | 백엽상 안에는 무엇이 들어 있을까?

 A | 백엽상 안에는 하루 중 가장 높은 기온을 알려 주는 최고 온도계, 하루 중 가장 낮은 기온을 알려 주는 최저 온도계, 하루 동안 기온의 변화를 보여 주는 자기 온도계, 공기 중에 습기가 어느 정도 있는지 알려 주는 습도계 등이 들어 있다.

Q | 일기 예보를 하기 위해 관측에 이용되는 기구는 무엇이 있을까?

 A | 일기 예보를 하려면 백엽상, 풍향계, 풍속계, 라디오존데, 기상 위성 등이 필요하다. 백엽상으로 온도와 습도를 측정하고, 풍향계와 풍속계로 바람의 방향과 속도를 측정한다. 또한 라디오존데를 하늘에 띄워 대기 상층의 기상 상태를 관측하고, 기상 위성에서 보내 주는 기상 사진과 자료를 모아 분석하여 일기 예보를 한다.

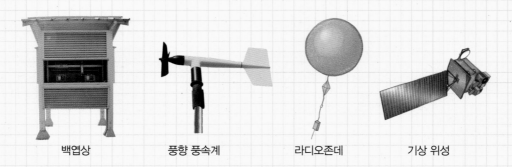

백엽상   풍향 풍속계   라디오존데   기상 위성

Q | 일기도를 보고, 서울의 날씨를 예측해 볼까?

 A | 일기도는 넓은 범위에 걸쳐 일정한 시각의 날씨를 나타낸 그림이다. 기온, 기압, 풍향, 풍속 등을 측정하여 등압선, 숫자, 기호 등을 사용하여 나타낸다.
오른쪽의 일기도에서 보면, 서울은 맑지만 바람이 분다. 풍향은 북동풍이고, 풍속은 초속 2m이다.

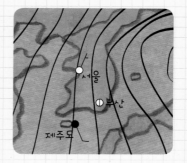

 Q | 날씨 예보는 어떻게 이루어질까?

 A | 날씨 예보는 기상청에서 날씨 관측 자료 등을 수집 분석하여 만든다. 가장 먼저 다양한 기상 요소를 관측하여 자료를 모으고, 모은 자료에서 필요한 것만 선택하여 슈퍼컴퓨터가 분석하게 한다. 그런 다음 예보 분석관들이 모여 회의하면서 슈퍼컴퓨터가 만든 일기도를 더 정확하게 만들고, 이것이 완성되면 텔레비전 뉴스와 신문, 인터넷을 통해 일기 예보를 사람들에게 전달한다.

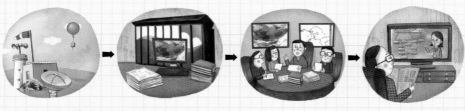

기상 요소 관측   자료 정리 및 분석   예보 분석관 토의   일기 예보 전달

3장

요모조모
날씨따라
변하는 것

우리 몸은 날씨에 민감해

"날씨 깨비! 맨날 일어나는 일이어서 무심코 넘어갔는데, 날씨에 대해 알게 되니깐 날씨는 참 우리에게 많은 영향을 주는 것 같아."

"맞아. 체험 학습을 갈지 안 갈지도 날씨에 따라 달라지니까."

"물론이지! 날씨는 우리 몸에 많은 영향을 준단다. 우리, 공원에 가서 바람 좀 쐴까?"

날씨 깨비는 보리와 귀리를 구름에 태우고 공원으로 갔어요.

"그런데 날씨 깨비!"

보리가 날씨 깨비를 불렀어요.

"날씨가 기분이나 건강에도 영향을 줄까? 난 날씨가 좋으면 기분이 좋고 비가 오면 어쩐지 우울해."

"맞아! 난 무더운 한여름에 뛰어놀다가 병이 난 적도 있어."

귀리가 말했어요.

"보리의 기분이 날씨 때문에 달라졌구나. 귀리는 날씨 때문에 병이 나기도 했고. 날씨가 우리 생활에 어떤 영향을 주는지 더 알아 볼까?"

"완전 좋지!"

보리는 물론이거니와, 날씨에 관심이 없다고 투덜거렸던 귀리까지 이제는 날씨에 **푹 빠져** 있었어요. 그렇지만 귀리는 괜히 겸연쩍은지 아직까지는 날씨에 관심 없는 척, 아주 개미만 한 목소리로 좋다고 대답했어요. 물론 날씨 깨비에게 들리지 않게 말이에요.

날씨 깨비는 귀리와 보리를 구름 위에 태우고 어디론가 출발했어요.

"몸이 녹아내릴 것 같아."

보리가 **흐물흐물한** 목소리로 말했어요.

"당연하지, 여기는 사막이니까!"

날씨 깨비가 연신 땀을 닦아 내며 말했어요.

"도대체 사막에는 왜 온 거야? 아까 잔디밭에서 놀 때가 딱 좋았는데."

귀리가 지친 목소리로 물었어요.

"날씨와 우리 몸에 대해 알려 주려고 왔지! 아주 오랜 옛날부터 날씨는 사람들이 살아가는 데 많은 영향을 미쳤어. 특히 건강과 생명에는 직접적인 영향을 주었지. 우리 몸은 덥거나 추우면 몸에 이상이 생겨. 그래서 아주 더운 날이나 몹시 추운 날에는 몸이 쉽게 피곤해지지."

"그 말에 완전 동의해. 너무 더워서 지금 내 몸에 이상이 생긴 것 같다고! 체온이 40℃는 될 것 같아."

귀리가 녹아내릴 것 같은 목소리로 **투덜거렸어요.**

"보통 우리 사람의 체온은 36.5℃라고 해. 하지만 체온은 우리 몸의 부분에 따라 달라. 겨드랑이에서 잰 체온이 36.5℃이고, 피부 온도는 이보다 낮은 31~34℃ 정도야."

"그래서 지금 내 체온이 평소보다 높다는 거야, 낮다는 거야?"

"더운 곳에 있으니 약간 높을 수도 있지. 열은 높은 곳에서 낮은 곳으로 이동하기 때문에 공기 온도가 31~34℃보다 높으면 공기에서 우리 몸으로 열이 이동해 체온이 높아져. 반대로 공기 온도가 31~34℃보다 낮으면 우리 몸에서 열이 밖으로 빠져나가 체온이 낮아지게 되지."

날씨 깨비가 양산과 생수병을 쌍둥이에게 나누어 주었어요.

"아, **시원하다.** 물을 마시니 좀 살 것 같아."

"하지만 사람의 체온은 쉽게 변하지 않아. 왜냐하면 사람의 몸은 바깥

온도와 상관없이 체온을 일정하게 유지하려는 성질이 있기 때문이지. 그러나 주변이 지나치게 춥거나 더우면 몸에 이상이 생겨서 여러 가지 병이 생긴단다."

"나는 물이 계속 마시고 싶어. 혹시 이것도 병이야?"

귀리의 말에 날씨 깨비가 **피식** 웃으며 말했어요.

"병은 아니야. 더위 때문에 체온이 올라가면 처음에는 어지럼증을 느껴. 이때는 시원하고 평평한 곳에 누워서 쉬기만 해도 몸이 저절로 회복되지. 하지만 강한 햇볕을 오래 받아 체온이 더 올라가면 머리가 아프거나 숨이 가쁘고 심하면 기절하기도 해. 이런 증상을 일사병이라고 하지. 일사병 증상이 있을 때는 물을 충분히 마시면 도움이 된단다."

"너무 더워서 죽을 수도 있어?"

보리가 구슬 같은 땀을 닦으며 물었어요.

"햇볕이 강하게 내리쬐는 더위가 여러 날 계속되면 심장이 약한 사람들은 심장에 이상이 생겨 죽을 가능성이 높아지긴 해."

보리와 귀리가 **겁에 질려** 말했어요.

"으악, 우린 죽기 싫어. 날씨 깨비, 빨리 다른 곳으로 가자!"

"그래. 나도 덥다. 좀 시원한 곳으로 가자. 근데 너무 추운 곳에 있어도 병이 생길 수 있어."

"어떤 병에 걸리는데?"

"추운 곳에 오래 있거나 센 바람과 비를 오랫동안 맞으면 체온이 점점 떨어져. 그러면 피부가 차가워지고 몸이 떨리지. 체온이 계속 낮아지면 문제가 심각해져. 머리가 아프거나 시력이 떨어지고 갑자기 발작이 일어나기도 하거든."

"이제부터 추운 날에는 옷을 **따뜻하게** 입어야겠다. 엄마가 내복 입으라고 하면 잘 입어야겠어."

귀리가 결심한 듯 말했어요.

"날씨 깨비, 비가 너무 내리지 않아도 큰일 나는 거지? 언젠가 텔레비전에서 아프리카에 비가 안 와서 마실 물이 없어 힘들어하는 아이들을 봤어."

보리가 걱정스러운 표정으로 말했어요.

"수십 년째 비가 오지 않아 가뭄이 계속되는 아프리카에는 물이 부족하고 먹을 것도 없어서 어린이들이 오랫동안 굶주리고 있단다. 비가 오랫동안 오지 않으면 **농작물**이 잘 자라지 못해서 먹을 것이 부족해져. 그러면 몸에 필요한 영양소가 부족해서 영양실조라는 병에 걸리지. 영양실조에 걸리면 어지럼증, 설사, 피곤함 등의 증상이 나타나. 가뭄으로 인한

영양실조는 가난한 나라에서 더 **심각하게** 나타나지."

"그런 곳에는 전염병도 많던데?"

"가뭄이 계속되면 전염병도 많이, 자주 발생해. 먹을 물이 부족하면 사람들은 오염된 물인 줄 알면서도 먹을 수밖에 없는데, 오염된 물을 먹으면 병이 생기지. 대개 심한 설사를 하는데, 2006년 유네스코의 보고서에 따르면 전 세계에 설사 질환으로 죽는 사람이 하루에 5천 명도 넘어."

"어떡해……."

보리의 입술이 **파르르** 떨렸어요.

"그래서 여러 나라가 힘을 모아 오랜 가뭄으로 고통 받는 사람들을 돕고 있어. 우리나라는 평소에 물이 부족하지는 않지만 가뭄이 들 때는 농사에 문제가 생기고 먹을 물도 부족해지지. 그래서 물을 아껴 써야 해."

보리와 귀리는 조용히 고개를 끄덕였어요.

🌞 생활 기상 정보를 꼼꼼히 살피자!

기상청 홈페이지에서 내가 살고 있는 지역의 생활 기상 정보를 알 수 있다.
생활 기상 정보는 생활 기상 지수, 산업 기상 지수, 보건 기상 지수로 되어 있는데, 이 중에서 건강과 직접 관련이 있는 것은 보건 기상 지수이다.
보건 기상 지수는 감기 가능 지수, 피부 질환 지수, 뇌에 혈액이 제대로 가지 않아 생기는 병인 뇌졸중 가능 지수, 기관지와 폐에 이상이 생기는 천식·폐 질환 지수, 꽃가루 농도 지수 등이다. 꽃가루 농도 위험 지수만 꽃가루가 날리는 4~5월, 9~10월에 제공되고, 다른 지수들은 일 년 내내 제공된다.

날씨를 살펴라

날씨 깨비는 보리와 귀리를 데리고 사막을 벗어났어요.

"애들아, 눈이 많이 내리면 아빠가 집에 빨리 오시지 않니?"

"맞아, 맞아! 겨울에 눈 오는 날 아빠가 일찍 퇴근하셔."

보리와 귀리가 소리쳤어요.

"비나 눈이 많이 오면 비행기나 배는 사고 날 위험이 커져서 운항을 늦추거나 중단하는 일이 많아져. 이런 날에는 길이 **미끄러워서** 자동차 사고율도 높아지지. 또 사람들이 밖에 잘 나오지 않거나 집에 일찍 들어가서 가게를 찾는 손님 수가 줄어들어."

"와, 날씨에 따라 변하는 게 진짜 많아."

"당연하지. 또 옷 판매량은 여름이나 겨울이 얼마나 빨리 오느냐에 따라 차이가 많이 난대. 가령 늦가을의 기온이 예년에 비해 낮으면 사람들은 '이번 겨울은 춥겠구나.'라고 생각하면서 서둘러 겨울옷을 장만해. 반면에 늦가을 기온이 높거나 겨울이 늦게 오면 겨울옷을 사는 걸 미루지."

"옷 사는 것까지? 와, 날씨가 정말 우리에게 많은 영향을 주는구나. 체험 학습 날을 정하는 것 말고도 말이야."

귀리가 **익살스러운** 표정으로 말했어요.

"그럼. 특히 농업과 어업은 날씨에 따라 곡식을 수확하는 양과 물고기를 잡는 양이 달라져서 농부와 어부의 수입에 큰 영향을 미치지. 날씨가 계속 나쁘면 과일과 채소, 생선 등의 수확량이 줄어서 농부는 돈을 못 벌고, 우리는 비싼 값에 사 먹어야 해."

"맞아. 장마철에 엄마가 **과일** 값이 비싸졌다고 걱정하신 적이 있어."

보리가 손바닥을 딱 치며 말했어요.

"건물을 짓는 사람들도 날씨에 늘 관심을 가져. 땅을 파고 기둥을 세우고 콘크리트를 붓고 페인트를 칠하는 등 밖에서 하는 일이 많기 때문이지."

"아, 그렇구나."

"혹시 날씨 보험이라는 말을 들어 봤니?"

"날씨 보험?"

쌍둥이가 한목소리로 되물었어요.

"날씨 보험은 날씨 때문에 피해가 생기면 보상을 해 주는 보험이야. 스키
장은 눈이 많이 오고 날씨가 추워야 손님이 많이 찾아와. 그런데 날씨가 따
뜻하고 눈이 적게 오면 손님이 줄어들어 큰 피해를 입지. 그래서 이럴 때를
대비해 날씨 보험에 드는 거야. 눈이 오는 횟수, 적설량, 기온 등 날씨 요소
를 고려해서 보험 조건을 만들고, 날씨 요소가 정한 범위를 벗어나 피해를
입으면 보험 회사에서 보상을 받지."

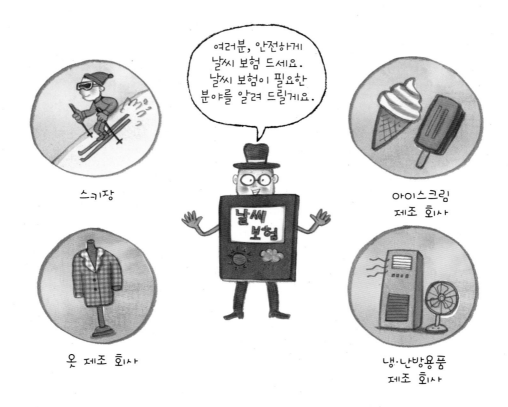

스키장

아이스크림
제조 회사

옷 제조 회사

냉·난방용품
제조 회사

"**별별** 보험이 다 있네."

귀리가 신기한 듯 눈을 깜빡였어요.

"작년 여름에 엄마, 아빠랑 물놀이를 갔었어. 근데 날씨가 갑자기 추워져서 수영장에는 들어가지 않고 주변에서 맛있는 것만 먹고 왔었거든. 그럴 때 수영장이 날씨 보험에 들어 놓았다면 보상을 받을 수 있는 거구나."

보리의 말에 팡파르가 **울렸어요.**

"맞아. 수영장이 날씨 보험을 들었다면 날씨가 추워져서 손님이 줄어들어 생긴 피해를 보험 회사가 보상해 주는 거지. 자, 이제 다양한 집 모양을 보러 떠나 볼까?"

"집? 집도 날씨와 상관이 있어?"

"누나, 왠지 그럴 것 같은데."

날씨 깨비는 구름 위에 보리와 귀리를 서둘러 태웠어요.

☀ 옛날의 기후를 알아내는 방법

옛날 옛적에는 기후가 어땠을까? 기상학자들은 옛날의 기후를 알기 위해 보통 남극의 얼음을 분석한다.

남극은 두꺼운 얼음으로 덮여 있다. 먼저 내린 눈 위에 새로 눈이 내리면 아래에 있는 눈이 눌려 단단해져서 얼음이 된다. 이것이 계속 반복되면서 차곡차곡 쌓여 두꺼운 얼음이 된 것이다.

이 과정에서 눈이 내린 시기의 공기가 얼음 속에 갇히기 때문에 남극의 빙하 속에는 옛날 옛적부터 현재까지의 공기가 시대순으로 보관되어 있다. 따라서 남극의 얼음을 파내서 얼음 속에 든 옛날 공기를 기계로 분석하면 옛날의 기후를 알 수 있다.

옛날의 기후를 알 수 있다니 신기해.

비를 피하는 집, 눈을 피하는 집

"우아, 저 집의 지붕 좀 봐. 뾰족하게 생겼어."

귀리가 지붕을 가리키며 소리쳤어요.

"인도네시아 전통 집은 비 때문에 지붕을 뾰족하게 만들어. 인도네시아에는 짧은 시간에 아주 많은 비가 퍼붓듯이 쏟아져. 이런 비가 내릴 때 지붕이 평평하면 비의 무게를 견디지 못하고 무너져 버리지. 그래서 인도네시아 사람들은 비가 지붕을 타고 흘러내리게 지붕을 뾰족하게 만들어."

"그러고 보니 바닥도 조금 달라. 집의 바닥이 땅에서 높이 올라와 있어."

보리가 인도네시아 전통 가옥을 둘러보며 말했어요.

"맞아. 인도네시아처럼 일 년 내내 덥고 비가 많이 오는 열대 지방에서는 갑자기 쏟아지는 비, 땅에서 올라오는 열기와 습기, 곤충이나 파충류의 공격 등을 막을 수 있게 집을 바닥에서 띄워서 지어."

지붕이 뾰족해 굵은 비가 내려도 끄떡없어.

얘들아, 어서 와.

윽, 비다!

지중해 주변은 하얀 집이 늘어선 독특한 풍경 때문에 관광객이 많이 찾고 있다.
하얀 집은 햇빛을 반사시켜서 시원하게 지내기 위해 벽을 흰색으로 칠한 것이다.

"흠, 이제 알겠어. 날씨에 따라 집의 모양이 달라진다는 거구나!"

보리가 생긋 웃었어요. 날씨 깨비가 손가락을 튕기자 팡파르가 울렸어요. 날씨 깨비는 보리와 귀리를 다시 구름 위에 태웠어요.

"여긴 지중해야. 지중해 주변의 집도 아주 독특해。 지중해 지역은 여름에 햇빛이 아주 강하고 건조하기 때문에 사람들은 벽을 두껍게 만들고, 창문을 작게 내서 뜨거운 열기와 햇빛을 차단해. 또 벽을 흰색 페인트로 칠해 햇빛을 반사시키고, 담을 높게 만들어서 그늘이 생기도록 하지. 창문에는 나무 덧문을 달아서 필요할 때는 햇빛을 완전히 차단해."

"텔레비전에서 그리스의 마을을 본 적이 있어. 벽이 온통 하얀색이라 참 예뻤어."

"그래. 그리스는 지중해 동부에 있어서 햇빛이 아주 강하지."

"핀란드에는 통나무집이 많던데? 이것도 날씨 때문이야?"

"핀란드는 북쪽에 있어서 춥고 눅눅해. 그래서 옛날 핀란드 사람들은 추위에 잘 견디고 습기에 강한 **통나무**를 이용해 집을 지었단다."

날씨 깨비가 방망이를 두 번 휘두르자, 온통 하얀 눈으로 뒤덮인 풍경이 나타났어요.

"와, 눈이다!"

"여기는 일본의 시라가와 마을이야. 갓쇼 가옥이 많은데, 눈이 엄청 많이 내리는 폭설에 대비해 지붕의 경사를 매우 급하게 만든 집이지. 뾰족한 지붕 모양이 두 손을 모으는 합장한 모습과 비슷하다고 해서 합장식 가옥이라고도 불러. 시라가와 마을은 겨울에 1층 출입문을 열 수 없을 정도로 눈이 엄청나게 많이 와. 눈이 이렇게 많이 오는데 지붕의 경사가 급하지 않다면 어떻게 되겠니?"

"눈이 흘러내리지 않고 **차곡차곡** 쌓이겠지."

일본의 시라가와 마을에서는 1층 출입문이 막힐 정도로 겨울에 눈이 많이 내린다.
1층 출입문이 막히면 2층에 사다리를 놓고 2층으로 드나든다.

"그러면 지붕이 쌓인 눈의 무게를 이기지 못하고 무너져 내리겠지."

보리와 귀리가 번갈아 대답했어요.

"그리고 사람들은 주변에서 구하기 쉬운 재료를 이용해서 집을 지어. 온통 눈과 얼음으로 뒤덮인 북극에 사는 이누이트들은 눈과 얼음을 이용해서 집을 짓지. 눈으로 만든 블록이나 얼음을 쌓아서 집을 만드는데, 이 집을 이글루라고 해."

"이글루는 나도 알아. 책에서 읽은 적이 있어. 내가 설명해 볼게."

이번에는 귀리가 나섰어요.

"이글루의 꼭대기에는 구멍을 내서 집 안의 공기를 신선하게 하고, 입구는 터널 모양으로 만들어서 찬 공기가 안으로 들어오지 못하게 하지. 이글루는 집 밖의 추운 기운을 막아 주기 때문에 안에 있으면 제법 따뜻해."

이번에도 팡파르와 폭죽이 터지고 좋아 꽃가루가 날렸어요. 귀리는 기분이 좋아, 함박웃음을 지었어요.

"추우니까 얼른 돌아가자. 가는 길에 우리나라 전통 집 이야기를 해 줄게. 우리나라 날씨는 겨울에는 대륙의 영향을 받고, 여름에는 바다의 영향을 많이 받는다고 했지? 그래서 겨울은 춥고 건조하고, 여름은 무덥고 습해. 우리 조상들은 추운 겨울은 따뜻하게, 무더운 여름은 시원하게 보내는 방법을 찾았어. 그래서 온돌과 마루를 만들었지."

"시골 할머니 댁에 갔을 때 온돌에 대해 들었어. 아궁이에서 **불**을 때면 불기운이 방 밑을 지나면서 방바닥을 **따뜻하게** 데우고 굴뚝으로 빠져나가는 거잖아."

"그래서 아궁이 쪽 방바닥은 겨울에 엄청 뜨거워."

귀리가 뜨거웠던 기억이 난 듯 펄쩍 뛰며 말했어요.

"맞아. 그리고 마루는 땅바닥보다 높은 위치에 나무를 평평하게 깔아 사람이 앉거나 걸어 다닐 수 있게 만든 공간이야. 마루는 바람이 잘 통해서 시원해."

"우리 조상들은 추위와 더위를 모두 생각해서 집을 지었구나."

온돌은 아궁이에서 불을 때면 불기운이 방바닥에 깔린 구들장을 데워서 방을 덥히는 장치이다.

울릉도에서는 집 바깥에 우데기를 쳐서 바람과 눈을 막고, 출입구에 말아 올릴 수 있는
문을 달아 집 안에 환기가 잘되게 한다.

우데기는 집의 바깥벽에서 130~150cm 정도 간격을 두고 설치해.

보리가 살며시 미소 지었어요.

그 순간 날씨 깨비가 방망이를 두 번 휘둘렀어요. 날씨 깨비와 쌍둥이는
순식간에 바다가 보이는 마을에 도착했어요.

"앗, 저 집 좀 봐! 무언가 두르고 있어!"

"여기는 **울릉도**이고, 저것은 우데기란다. 울릉도는 바람이 많이 불고
겨울에 눈이 많이 내려. 그래서 울릉도 사람들은 바람과 눈을 막기 위해
억새나 옥수숫대를 엮어서 벽을 만들어 벽 바깥 처마 끝에 세웠지. 그게
우데기야. 우데기는 겨울에 찬 바람과 눈이 집 안으로 들어오지 못하게 막
아 주고, 여름에 햇빛을 막아 준단다."

"날씨에 따라 집을 만든 조상들의 지혜가 참 놀라워!"

보리와 귀리가 동시에 감탄했어요.

속담이 일기 예보를 한다고?

"우리나라 속담에도 조상들의 지혜가 많이 담겨 있어. 속담이 날씨를 알려 준다고나 할까?"

날씨 깨비는 보리와 귀리를 데리고 노을이 잘 보이는 곳으로 왔어요.

"저 노을 좀 봐. 정말 아름다워! 노을은 해가 뜨거나 질 때 하늘이 햇빛에 물들어 붉게 보이는 현상이야. 속담 중에 '저녁노을은 아침 날씨가 맑을 징조.'라는 말이 있어."

"노을과 날씨라……."

"차근차근 설명해 줄게. 조금 복잡하니까 잘 들어 봐. 노을은 산란 현상과 관련이 깊어."

"앗, 산란이 뭐야?"

"햇빛이 대기 중의 먼지나 수증기 같은 작은 입자에 부딪쳐서 흩어지는 것을 산란이라고 해. 대기 중에 먼지가 많으면 햇빛이 많이 산란되어 결국

해가 질 때 노을이 져서 하늘이 붉게 물들어 있다.

붉은빛만 남아서 노을이 붉게 보이는 거지. 노을이 **붉을수록** 대기 중에 먼지가 많다는 거고, 먼지가 많으면 상대적으로 수증기가 적다는 뜻이지. 따라서 저녁 하늘에 수증기가 적으니까 다음 날 아침에 비가 올 확률이 적고 날씨가 맑을 확률이 높지.”

“체험 학습 전날 저녁노을이 붉게 물드는지 관찰해 보면 다음 날 아침 날씨를 알 수 있겠네.”

“체험 학습 전날 해가 질 때 하늘을 잘 봐야겠다.”

귀리와 보리는 눈을 **초롱초롱** 뜨며 날씨 깨비를 바라봤어요.

“비와 관련된 속담도 있지 않아? 할머니가 자주 그러셨어. 햇무리나 달무리가 지면 비가 온다고.”

“날씨와 관련된 속담은 아주 많아. 햇무리는 해 둘레에 나타나는 테두리이고, 달무리는 달 주위에 나타나는 테두리를 말해. 햇무리나 달무리는 대기 중에 떠 있는 아주 작은 얼음 알갱이 때문에 생겨.”

“대기 중에 얼음 알갱이가 많으면 비가 내리겠구나. 속담대로네.”

보리가 **손뼉**을 치며 말하자 날씨 깨비가 고개를 끄덕였어요.

달 주변에 둥근 고리 같은 게 생겼네.

그게 바로 달무리야!

날씨를 알려 주는 속담

날씨에 얽힌 속담 중에는 실제로 잘 들어맞는 속담이 꽤 있어요.

어떤 것들이 있는지 알아볼까요?

제비가 낮게 날면 비가 온다

제비의 먹이인 곤충은 공기의 습도가 높아지면 날개가 무거워져서 잘 날지 못하고 풀밭이나 숲 속에서 쉰다. 먹이가 낮은 곳에 있으니까 제비도 곤충을 잡아먹기 위해 낮게 난다. 결국 습도가 높다는 것은 비가 올 확률이 높다는 것이다.

제비가 낮게 나는 이유를 기압으로 설명하기도 한다. 흐리거나 비가 올 때는 보통 기압이 낮은데, 이럴 때는 곤충이 낮게 날아서 제비도 곤충을 잡기 위해 낮게 난다는 것이다.

종소리가 잘 들리면 비가 온다

구름이 많이 끼고 흐린 날에는 땅이 햇빛을 많이 받지 못해서 따뜻해지지 않는다. 땅 가까이에 있는 공기는 충분히 따뜻해져야 위로 올라가는데 공기가 위로 올라가지 못하니까 소리도 위로 퍼지지 못하고 아래쪽으로만 퍼진다. 그래서 맑은 날보다 흐린 날에 종소리를 뚜렷하게 잘 들을 수 있는 것이다. 종소리가 흐린 날에 잘 들린다는 것은 종소리가 위로 퍼지지 못한다는 것이고, 날씨가 흐리고 비가 올 확률이 높다는 뜻이다. '기적 소리 가까우면 비가 온다.', '연기가 땅에 깔리면 비 온다.'라는 속담도 이것과 같은 이치다.

별빛이 흔들리면 큰 바람 분다

별빛이 흔들리는 것처럼 보이는 것은 높은 하늘의 공기가 세차게 움직이기 때문이다. 이 공기의 흐름이 땅 위에도 영향을 주어서 바람이 세게 부는 것이다.

물 단지 땀 나면 비 온다

차가운 물 단지에 따뜻한 공기가 닿으면 공기 속에 들어 있는 수증기가 응결되어 물방울이 된다. 그래서 물 단지 표면에 물방울들이 맺힌다.
물 단지가 땀 난다는 것은 물방울이 많이 맺혔다는 것이고, 이것은 공기의 습도가 높다는 뜻이니까 비가 올 가능성이 높아진다.

가루눈이 내리면 추워진다

눈의 모양은 온도, 습도, 바람 등의 영향을 받아서 정해진다. 온도가 0℃에 가까울 때는 눈의 결정이 서로 엉겨 붙어서 눈송이가 커지고, 온도가 많이 낮을 때는 눈송이가 작아진다. 그래서 몹시 추울 때는 가루눈이 내린다. 이 때문에 가루눈이 내리면 추워진다고 하는 것이다.

전쟁에서 이기려면 날씨를 알아라

여기를 공격하자.

"날씨는 전쟁과도 관련이 많아."

"전쟁과 날씨가 관련이 있다니, 진짜야?"

귀리가 고개를 갸웃거렸어요.

"19세기에 독일 동북부 지방 프로이센의 군인 카를 폰 클라우제비츠는 그의 책 《전쟁론》에 '치밀한 작전보다 그날의 기상 조건이 전쟁의 승패를 좌우한다.'라고 썼어."

날씨 깨비가 방망이를 휘두르고 뿔을 쓰다듬자, 음성 지원 설명이 시작되었어요.

"지금부터 전쟁과 날씨에 얽힌 재미있는 이야기를 들려줄게요."

"아하하! 음성 지원 목소리가 **할아버지야!** 아이고, 웃겨라!"

보리와 귀리가 깔깔거리며 웃었어요.

"옛날이야기는 할아버지 목소리로 들어야 제맛이지!"

날씨 깨비의 말이 끝나자 할아버지 목소리가 이어졌어요.

"옛날 옛날 중국 삼국 시대의 호로곡 전투 이야기예요. 삼국 시대는 《삼국지》에 나오는 위나라, 촉나라, 오나라 때를 말해요. 이때 촉나라의 군사 전략가인 제갈공명은 치밀한 전략을 세워 촉나라가 전쟁에서 많이 이기도록 이끌었지요. 그런데 제갈공명의 계획이 날씨 때문에 예상 밖의 결과를 가져왔어요."

날씨 깨비가 이어서 이야기했어요.

"위나라의 사마의는 갑자기 쏟아진 소나기 덕분에 호로곡 전투에서 살아

호로곡 전투

자네는 계속 지는 척하면서 사마의를 호로곡으로 이끌고, 자네는 호로곡에 식량 더미를 놓고 병사들을 숨어 있게 하게.

제갈공명

네, 알겠습니다.

촉나라 진영

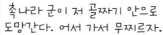

촉나라 군이 저 골짜기 안으로 도망간다. 어서 가서 무찌르자.

와!

사마의

흐흐, 촉나라 군의 식량이군. 다 태워서 먹을 걸 없애 버려라.

위나라 군이 모두 골짜기에 들어갔으니 어서 입구를 막고, 불화살을 쏘아라!

나 살려!

으악, 뜨거워!

이게 무슨 일이지?

어서 도망가자.

앗, 뜨거워!

으, 분하다! 제갈공명의 계략에 이렇게 허무하게 당하다니……

어, 소나기다!

와, 우리 살았다!

사마의와 위나라 군은 무사히 호로곡을 빠져나왔다.

하늘이 우리를 도우셨구나!

아, 일은 사람이 꾸미지만 일을 이루는 것은 하늘이 도와야만 하는구나!

남을 수 있었어. 사마의가 운이 좋아 소나기가 내린 거라고 생각할 수도 있지만, 가만히 살펴보면 갑자기 소나기가 내린 이유에는 과학적인 원리가 숨어 있단다."

"어떤 원리? 궁금해."

보리가 **재촉했어요.**

"공기가 뜨거워지면 위로 올라가 구름이 만들어져. 촉나라 군사들이 호로곡 골짜기를 불바다로 만드는 바람에 골짜기 안의 공기가 뜨거워졌어. 이렇게 급격히 뜨거워진 공기는 빠르게 하늘로 솟아오르면서 적란운을 만들었지. 적란운은 땅 가까이에서 크게 생기고, 번개, 천둥, 소나기 등을 몰고 오는 구름이잖아. 게다가 식량 더미가 불에 타면서 생긴 재와 연기가 하늘로 올라가 응결핵 역할을 해서 **소나기**가 내리게 된 거야."

"제갈공명이 소나기가 내릴 것을 알았다면 결과가 달랐겠네."

"그렇지. 촉나라의 제갈공명이 골짜기라는 지형적인 특성과 날씨에 대해 조금 더 깊이 고민했다면 호로곡 전투에서 지지 않았을 거야."

"날씨가 전쟁 승패에 결정적인 역할을 했구나."

날씨 깨비가 다시 뿔을 만지자 할아버지 목소리가 들렸어요.

"옛날 19세기에 프랑스의 나폴레옹 보나파르트는 전쟁에서 승리를 거두며 유럽에서 가장 강력한 제국을 건설했어요. 그런데 많은 군사를 이끌고 소련을 정복하러 갔지만, 소련의 추위 때문에 전쟁에서 지고 말았답니다."

날씨 깨비의 이야기가 이어졌어요.

"추위와 더위도 전쟁에 많은 영향을 줘. 나폴레옹은 추위 때문에 소련을 정복할 수 없었지. 그리고 소련 전쟁에서 패한 뒤 몰락하고 말았어."

나폴레옹의 소련 원정

프랑스 병사들이여! 소련을 정복하러 가자. 모두 나를 따르라!

와! 와!

1812년 소련 마을

프랑스 군이 바로 앞에 왔으니 어서 도망가요.

우리도 작전을 세우자.

프랑스 군이 먹을 것이 없도록 어서 마을을 불태우고 떠나자.

프랑스 군은 소련 마을에 들어왔다.

이런, 먹을 게 하나도 없잖아.

으, 배고파.

이제 곧 소련의 모스크바에 도착하니까 힘을 내도록. 그곳엔 먹을 게 많이 있을 것이다.

와, 모스크바다!

흠, 드디어 모스크바를 점령했군.

나폴레옹과 프랑스 군은 5주가 지나도 소련 군이 항복하지 않자, 그대로 겨울을 맞게 되었다.

으, 너무 추워!

여기에도 먹을 게 없잖아.

소련을 정복하고 돌아가려고 했는데 이놈의 추위 때문에 도저히 버틸 수가 없구나. 으, 분하다!

소련에 들어간 프랑스 군 대부분이 추위와 배고픔으로 죽고, 일부만이 프랑스로 돌아왔다.

"그렇구나."

"독일의 히틀러도 나폴레옹과 비슷해."

"히틀러? 제2차 세계대전을 일으킨 히틀러?"

"그래. 히틀러가 이끈 독일 군은 1941년 6월에 350만 명의 군인과 3,800대의 전차를 이끌고 소련을 정복하러 갔어. 처음에는 계속 이겼지만 점점 상황이 달라졌지. 가장 큰 문제는 추위였어. 소련의 겨울은 평균 기온이 영하 10℃ 이하이고, 영하 20℃ 아래로 내려가는 날도 아주 많았지."

"으악, 난 추위가 정말 싫어. 추우면 움직이기가 힘들어."

보리가 눈살을 찌푸렸어요.

"게다가 히틀러가 전쟁을 빨리 끝내겠다고 군인들과 약속했기 때문에 독일 군은 두꺼운 옷을 챙기지 않고 소련에 왔었어. 그런데 전쟁이 길어지자 독일 군은 점점 지쳐 갔고 싸울 의지를 잃어버렸어. 독일 군은 결국 소련을 포기하고 독일로 돌아갔어."

"소련의 날씨 때문에 히틀러가 패배했구나. 날씨가 이렇게 전쟁과 관련이 많을 줄 몰랐네."

"그래. 제2차 세계대전 중에 펼쳐진 노르망디 상륙 작전도 날씨와 관련이 깊어. 이 작전을 이끈 미국의 아이젠하워 장군은 날씨 예보를 담당하는 사람을 시켜 당시로서는 획기적인 일기 예보를 제작했어. 그건 5일 앞까지 날씨를 예상하는 일기 예보였어. 노르망디 해안에 안전하게 착륙하려면 밀물과 썰물이 일어나는 때와 날씨를 잘 알아야 했지."

작전 실행하기 좋은 날씨야.

"그때도 날씨 예보를 담당하는 사람이 있었구나."

귀리는 신기하다는 듯 말했어요.

"그럼. 당시에도 날씨는 생활과 밀접한 관계가 있었으니까. 날씨 예보자는 6월이 상륙 작전을 하기에 가장 좋다고 했지만 6월이 되자 날씨가 나빠졌어. 하지만 날씨 예보자는 6일부터 날씨가 약간 좋아질 거라고 보고했고 아이젠하워는 그를 믿고 6일날 아침 상륙 작전을 실행했지."

"독일 군은 어떻게 생각했어?"

"반면에 독일 군은 6월에 계속 날씨가 나빴기 때문에 아이젠하워가 상륙 작전을 펼치지 못할 거라고 생각해서 노르망디 해안의 경계를 소홀히 했어. 그 덕분에 노르망디 상륙 작전은 성공을 거두었단다."

"와, 이번에도 날씨 때문에 승리와 패배가 갈렸구나."

보리와 귀리는 동시에 소리쳤어요.

 Q 날씨에 따라 우리 몸은 어떤 영향을 받을까?

A 사람의 몸은 바깥 온도와 상관없이 체온을 일정하게 유지하지만, 주변이 지나치게 춥거나 더우면 몸에 이상이 생겨서 여러 가지 병이 생긴다.
날씨가 너무 더우면 일사병에 걸릴 수도 있고, 너무 추우면 저체온증에 걸릴 수도 있다. 또 가뭄이 계속되면 영양실조나 전염병에 걸리기도 한다.

Q 울릉도는 집을 어떻게 만들었을까?

A 울릉도는 바람이 많이 불고 겨울에 눈이 많이 온다. 그래서 울릉도 사람들은 바람과 눈을 막기 위해 억새나 옥수숫대를 엮어서 벽을 만들어 벽 바깥 처마 끝에 우데기를 세웠다. 우데기는 겨울에는 찬 바람과 눈이 집 안으로 들어오지 못하게 막아 주고, 여름에는 햇빛을 막아 준다.

 Q 햇무리가 생기면 비가 내린다는데, 진짜일까?

 A 햇무리는 해 둘레에 옅은 구름이나 안개가 생겨 해의 둥그런 테두리가 생기는 것을 말한다. 햇무리는 구름 알갱이가 거의 얼음일 때 잘 생기는데, 이런 구름이 있는 날은 실제로 비가 내릴 가능성이 높다.

온돌의 장점과 단점은 무엇일까?

 온돌은 우리나라의 고유한 난방 장치로, 아궁이에서 불을 때서 불기운이 방 밑을 지나며 방바닥을 따뜻하게 데우게 한다. 온돌을 사용하면 적은 열로 넓은 공간을 따뜻하게 할 수 있고, 나무로 만든 땔감을 연료로 사용해서 경제적이다. 또 고장이 잘 나지 않아 사용이 편리하다.
하지만 방바닥과 방 안 공기의 온도 차이가 많이 나고, 습기가 없어져서 건조해지는 단점이 있다.

 제갈공명은 호로곡 전투에서 왜 실패했을까?

 제갈공명이 골짜기라는 지형적인 특성과 날씨에 대해 잘 몰랐기 때문이다. 한 지역의 공기가 뜨거워지면 공기가 위로 올라가 구름이 만들어진다.
호로곡 전투 때 촉나라 군사들은 호로곡 골짜기를 불바다로 만들었고, 골짜기 안의 공기가 뜨거워졌다. 갑자기 뜨거워진 공기는 빠르게 하늘로 솟아오르면서 적란운을 만들었다. 그리고 식량 더미가 불에 타면서 생긴 재와 연기가 하늘로 올라가 응결핵 역할을 해서 소나기가 내린 것이다. 소나기 덕분에 사마의와 위나라 군사

들은 호로곡을 무사히 빠져나갔고 제갈공명의 작전은 실패했다.

알쏭달쏭
날씨 정복하기

4장

하루 중 언제 기온이 가장 높을까?

"아 추워, 《추워!》"

"도대체 뭐가 그렇게 춥다는 거야?"

귀리는 보리에게 핀잔을 주었어요.

"너는 안 추워도 나는 춥다고!"

귀리는 계속 춥다고 말하는 보리가 정말이지 이해가 되지 않았어요.

"싸우지 마. 사람마다 더위나 추위에 대한 느낌이 조금씩 달라서 그런 거니까. 그래서 만들어진 것이 온도야."

"다음부터 날씨 깨비를 따라올 때는 옷을 **두툼하게** 챙겨 입을래. 날아다니는 건 신나지만 하늘은 정말 춥거든!"

보리의 말에 날씨 깨비는 묘한 웃음을 지어 보였어요.

"지금부터는 그래프와 표들이 가득한 교실로 가 볼 거야. 교실로 가면 지금만큼은 춥지 않을 테니 안심하고. 날씨와 관계있는 숫자들이 많은 곳이니 어지러워 말고, 나를 잘 따라만 오면 돼. 그럼 바로 출발!"

바람이 불어 약간 서늘하네.

무슨 소리! 정말 좋은 날씨야.

보리, 귀리, 날씨 깨비가 도착한 교실에는 여러 가지 도구들과 그래프가 있었어요. 날씨 깨비가 교실에 있던 온도계를 가져왔어요.

"이제 직접 온도를 측정해 보자."

"어, 집에 있는 온도계랑 다르네. 엄마는 우리가 아프면 온도계로 열을 재 보시거든."

"그런데 이 온도계는 어떻게 사용하는 거야?"

"온도계를 보기 전에 알아야 할 게 있어. 온도를 나타내는 단위에는 섭씨온도, 화씨온도가 있는 거 아니?"

"음, 우리나라는 섭씨온도를 사용하잖아. 전에 책에서 읽은 적이 있어."

"섭씨온도? 화씨온도? 너무 어려워. 난 도무지 뭐가 뭔지 모르겠다고."

날씨 깨비와 보리의 대화를 듣던 귀리가 머리를 긁적이며 말했어요.

날씨 깨비는 귀리의 등을 **토닥이며** 말했어요.

"익숙하지 않은 말이라 그럴 거야. 섭씨온도와 화씨온도 모두 온도를 나타내는 단위야. 킬로그램(kg)과 파운드(lb) 모두 무게를 나타내는 단위이고, 센티미터(cm)와 인치(inch) 모두 길이를 나타내는 단위인 것처럼."

"아, 그렇구나."

"섭씨온도는 온도를 나타낼 때 가장 많이 사용하는 단위로 기호는 ℃라고 써. 1기압에서 순수한 물이 끓을 때를 100℃로, 물이 어는 온도를 0℃로 정하고, 그사이를 100 등분한 온도지. 화씨온도의 기호는 °F라고 쓰지. 1기압에서 물이 끓을 때를 212°F로, 물이 어는 온도를 32°F로 정하고, 그사이를 180 등분했어."

"날씨 깨비, 난 우리나라에서 사용하는 섭씨온도만 잘 알아 두면 되지?"

"그래. 우선은 섭씨온도만 잘 기억해 둬."

"좋아."

귀리가 깔깔 웃었어요.

"온도계에는 눈금이 그려져 있는데 큰 눈금은 10℃ 간격, 작은 눈금은 1℃ 간격이야. 담금선은 액체의 온도를 잴 때 온도계를 이 선까지 액체에 담그라는 기준이 되는 선이지."

"온도계 읽는 법은 내가 설명할 수 있어."

보리가 나섰어요.

"막대 온도계를 읽을 때는 20~30cm 떨어진 곳에서 눈높이와 온도계의 눈금이 수평이 되도록 하고, 온도계의 붉은색 액체 기둥이 멈춘 곳의 숫자를 읽으면 돼."

"오호, 제법인데."

날씨 깨비가 놀라며 손가락을 튕기자 팡파르와 폭죽이 터졌어요. 보리는 종이 꽃가루를 맞으며 즐거워했지요.

"이제 측정한 기온을 그래프로 확인해 보자."

"좋아."

날씨 깨비가 방망이를 휘두르자 여러 장의 종이가 나타났어요.

막대 온도계
머리부는 끈을 매달도록 하는 곳이고,
아래쪽 구부에는 붉은색 액체가 들어 있다.
이 액체가 관을 따라 올라가거나
내려가면서 온도를 나타낸다.

머리부

눈금 ── 관

담금선 ──

구부

붉은색 액체 기둥 끝의 눈금을 읽으면 된다고!

"아래 그래프는 2013년 1월 1일 하루 동안의 평균 기온을 나타낸 거야. 이런 그래프를 꺾은선 그래프라고 해. 가로축은 시각, 세로축은 온도를 나타내. 하루 중에서 몇 시에 기온이 가장 낮고, 또 몇 시에 가장 높았니?"

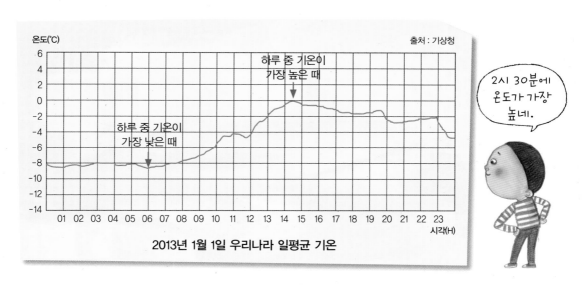

2013년 1월 1일 우리나라 일평균 기온

그래프를 유심히 보며 귀리가 대답했어요.

"해가 뜨기 직전인 6시쯤이 기온이 가장 낮고, 오후 2시 30분쯤이 가장 높았어."

"그런데 왜 하루 중 기온이 가장 높을 때가 태양이 가장 높이 뜨는 시각인 낮 12시쯤이 아니고 오후 2시 30분쯤이야?"

귀리가 고개를 갸웃했어요.

"낮 12시쯤에 땅이 받는 태양 에너지가 가장 많기는 하지만, 땅이 데워지려면 시간이 좀 걸리기 때문이야."

"아, 그런 거구나."

우리나라에 비가 얼마나 많이 올까?

"이번에는 비의 강수량을 재어 보자."

"강수량은 어떻게 재? 바닥에 떨어지는 빗방울을 담을 수도 없고."

"하하. 귀리야, 넌 그것도 몰라? 비나 눈이 올 때 그릇을 놓아 두면 알 수 있지."

보리가 귀리를 놀리자 귀리는 못 들은 척하며 날씨 깨비에게 물었어요.

"날씨 깨비, 강수량을 재려면 아무 그릇이나 사용하면 돼?"

"보리와 귀리, 너희들 생각은 어때?"

날씨 깨비가 되묻자, 보리와 귀리는 생각에 잠겼어요.

"빗방울은 똑바로 떨어지는 경우보다 공기의 힘이나 바람의 영향으로 비스듬하게 떨어질 때가 많아. 그래서 그릇의 단면이 삼각형이나 사각형 같은 모양일 때는 옆으로 빠져나가는 빗방울이 많아. 하지만 원 모양은 각이나 찌그러진 부분이 없어서 빗방울이 적게 빠져나가지. 그래서 강수량을 측정하는 그릇의 단면은 원 모양이 적당해."

보리와 귀리가 고개를 끄덕였어요.

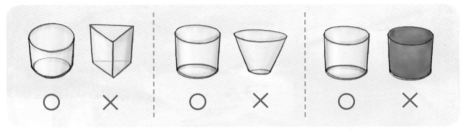

① 강수량을 측정할 때는 그릇의 단면이 원 모양이어야 한다.

② 위아래 단면 넓이가 같은 원기둥이어야 한다.

③ 빗물의 높이가 보이도록 투명한 그릇이어야 한다.

"그리고 그릇의 위쪽과 아래쪽의 단면의 넓이가 다르면 비의 양을 정확히 잴 수 없어. 따라서 강수량을 잴 때는 위아래 단면의 넓이가 같은 원기둥 모양의 그릇이 좋아. 마지막으로 한 가지 조건이 남았어."

"조건이 많고 **까다롭네.**"

"투덜대지 말고 들어 봐."

귀리가 투덜거리자 보리가 핀잔을 주었어요.

"다투지 말고 들어 봐. 투명한 그릇이어야 해. 강수량을 잴 때는 자를 그릇 바깥쪽에 대고 재기 때문에 빗물의 높이가 보여야 하거든."

귀리가 날씨 깨비처럼 손가락을 튕겼어요. 그때 갑자기 할아버지 목소리의 음성 지원 설명이 나왔어요.

"단면의 면적이 다른 두 그릇에 빗물을 받았어요. 두 그릇 중에서 어느 그릇에든 빗물의 높이가 더 높을까요?"

"이런! 음성 지원 멈추는 걸 잊었네. 음성 지원 서비스는 임무가 끝나면 자동 종료되는데, 할아버지 음성 지원은 꼭 정지 버튼을 눌러야 해."

날씨 깨비가 **당황하며** 음성 지원 서비스를 중지했어요.

두 그릇에 담긴 빗물의 높이가 같아.

빗물의 높이는 같아도 부피는 달라.

"하하, 할아버지 목소리가 또 나왔어!"

보리와 귀리가 큰 소리로 웃었어요.

"자, 그만 웃고 음성 지원의 질문에 대답해 보자."

날씨 깨비가 **난처한 듯** 말했어요.

"그릇 단면의 면적이 달라도 높이는 같겠지."

"어디나 같은 양의 비가 내리고 있으니까."

보리와 귀리가 번갈아 대답하자 날씨 깨비가 흐뭇한 표정을 지었어요.

"역시 보리, 귀리 특공대야!"

보리와 귀리는 손바닥을 마주 치며 **껑충** 뛰었어요.

"예전에 숙제로 강수량을 재어 본 적이 있어. 그런데 측정한 강수량이 친구들마다 다 다르더라고. 뭐가 정확한 것인지 알 수 없었어."

"그럴 때는 기상청 홈페이지에 들어가서 그날의 강수량을 확인하면 정확한 수치를 알 수 있어."

"그런 방법이 있구나."

"이제 다시 표를 볼까? 이 표는 2007년부터 2011년까지 우리나라 전체와 서울의 연평균 강수량을 나타낸 거야. 우리나라와 서울의 강수량을 한눈에

단위 : mm, 출처 : 기상청

	2007년	2008년	2009년	2010년	2011년
우리나라	1515.0	1028.3	1265.7	1499.1	1622.6
서울	1212.3	1356.3	1564.0	2043.5	2039.3

2007~2011년 우리나라 연평균 강수량과 서울의 연평균 강수량

비교하려면 이걸 막대그래프로 나타내면 돼."

"가로축은 연도, 세로축은 강수량으로 표시하고, 연도에 맞춰 각 지역의 강수량을 막대로 나타내면 되겠다."

보리의 말에 날씨 깨비는 눈이 휘둥그레졌어요.

"맞아. 그럼 막대그래프를 봤을 때 우리나라에서 서울은 비가 많이 내리는 지역일까, 적게 내리는 지역일까?"

"2007년을 제외하고 서울의 연평균 강수량이 우리나라의 연평균 강수량보다 많아. 따라서 서울이 다른 지역보다 비가 많이 내린다는 것을 알 수 있어."

"또 이 그래프를 보면 우리나라의 연평균 강수량이 2008년부터 꾸준히 늘고 있다는 것도 알 수 있지."

보리에 이어 귀리가 대답하자 어디선가 큰 박수 소리가 터져 나왔어요.

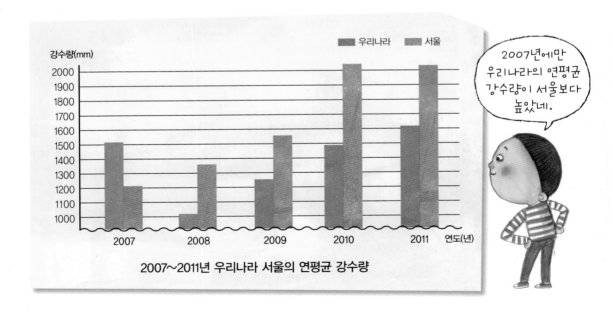

2007년에만 우리나라의 연평균 강수량이 서울보다 높았네.

2007~2011년 우리나라 서울의 연평균 강수량

장마 때는 비가 얼마나 많이 내릴까?

"우리나라는 6월 하순에서 7월 하순까지 장마가 있어."

"기억나. 기단을 배울 때 알려 줬었어."

"그래, 귀리가 잘 기억하고 있구나. 이 시기에는 차갑고 습기가 많은 오호츠크 해 기단과 따뜻하고 습기가 많은 북태평양 기단이 만나서 장마 전선이 만들어지고, 비가 많이 와."

"어, 이상하다. 근래 몇 년은 장마 예보를 못 들은 것 같아."

"맞아. 요즘에는 장마철에만 집중적으로 비가 많이 내리는 게 아니라 장마가 시작되기 전과 끝난 뒤에도 비가 많이 내려서 장마 예보가 별 의미가 없어졌어. 그래서 2008년부터는 장마 예보를 하지 않아."

"그렇구나."

"예전과 달라진 게 또 있어. 강수량이 점점 **증가한다는** 거야. 1910년대에 우리나라의 강수량은 1,156mm였지만, 2000년대에는 1,375mm로 증가했어. 2008년 이후에는 강수량이 더욱 증가하고 있지."

"우리나라에 비가 많이 온다는 거야?"

"맞아. 비도 많이 오고 비 내리는 특징도 좀 달라졌어. 어떻게 달라졌는지 알아보자. 다음 그래프는 1900년대 초반부터 2010년까지 서울의 연 강수량 변화를 나타낸 그래프야.

여기만 내리는 집중 호우야. 요즘 우리나라에 내리는 비의 특징이지.

이러다가 다 젖겠어.

조금씩 차이는 있지만 강수량이 꾸준히 증가하는 것을 알 수 있지?"

보리와 귀리가 고개를 **끄덕였어요.**

"그래프에는 나타나 있지 않지만 연 강수량이 증가한 것과 달리 비, 눈, 우박 따위가 내린 날의 수는 감소했어. 즉 짧은 기간에 많은 비가 내리는 집중 호우가 자주 발생한다는 거지."

"우리는 비가 얼마나 와야 많이 온다고 느껴?"

"그건 사람마다 다르지만 보통 1시간에 1~3mm의 비가 내릴 때는 빗줄기가 가늘어서 굳이 우산을 쓰지 않아도 돼. 1시간에 5~7mm가 내리면 빗줄기가 굵어지고 땅에 물웅덩이가 생기기 시작하지. 1시간에 11~15mm가 내리면 우비를 입어도 옷이 젖기 쉬워. 이럴 때 사람들은 비가 꽤 많이 온다고 느끼지."

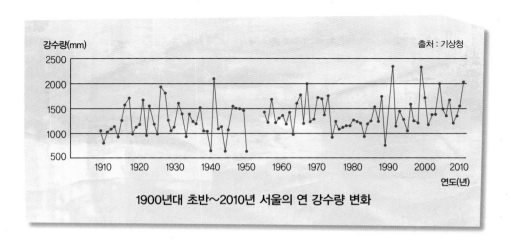

1900년대 초반~2010년 서울의 연 강수량 변화

"난 비 올 때 첨벙거리는 게 좋은데."

"첨벙거리는 게 아니라 도로가 비로 덮히면? 시간당 강수량이 30mm가 되면 하수구에서 물이 **콸콸** 넘치고 양동이로 퍼붓듯이 비가 내려. 보통 이때를 집중 호우가 시작되는 기준으로 삼지. 이럴 땐 빗줄기 때문에 앞을 보기 어려워. 시간당 강수량이 100mm 이상이 되면 폭포가 쏟아지는 것 같고."

"어휴, 무섭다!"

보리가 정말 무서운 듯 어깨를 움츠리며 말했어요.

"이 표는 1971~2000년과 1981~2010년의 우리나라 주요 도시의 연 강수량과 강수 계속 기간을 나타낸 거야. 강수 계속 기간은 하루 강수량이

126

		서울	인천	춘천	부산	제주
1971~ 2000년	강수량	1344.3	1152.3	1266.8	1191.5	1457.0
	강수 계속 기간	802.9	698.0	831.4	838.6	1028.2
1981~ 2010년	강수량	1450.5	1234.4	1347.3	1519.1	1497.1
	강수 계속 기간	802.5	709.7	832.3	792.1	965.4

강수량 단위 : mm, 강수 계속 기간 단위 : 시간, 출처 : 기상청

우리나라 주요 도시의 연 강수량과 강수 계속 기간

0.1mm 이상인 기간을 가리키지. 표를 보고, 서울과 제주에 단위 시간에 내린 강수량을 알아볼까?”

“음, 어떻게 알 수 있지?”

“서울과 제주의 강수량을 강수 계속 기간으로 나누면 단위 시간에 내린 강수의 양을 알 수 있어. 서울은 1344.3÷802.9=1.674야.”

보리와 귀리는 날씨 깨비의 힌트를 듣고 열심히 계산했어요.

“계산해 보면 1971~2000년보다 1981~ 2010년에 서울과 제주는 짧은 기간에 강수가 더 많이 내렸어.”

날씨 깨비는 짧은 기간에 내리는 집중 호우 때문에 걱정이라고 했어요.

	서울	제주
1971~2000년	1.674	1.417
1981~2010년	1.807	1.551

단위 : mm/h

단위 시간에 내린 강수의 양

단위 시간에 내린 강수의 양이야.

바람을 측정해 볼까?

"바람을 측정할 때가 된 것 같은데⋯⋯."

귀리가 말하자 날씨 깨비가 웃음을 참으며 대답했어요.

"ㅋㅋㅋ! 맞아. 이제 날씨 박사가 다 되었구나. 바람은 방향과 세기를 모두 측정해야 해. 우선 간이 풍향계를 만들어 간단하게 바람의 방향을 측정하는 방법을 알아보자. 재료는 내가 준비했어."

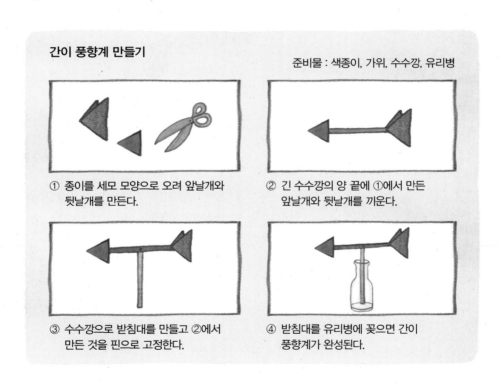

간이 풍향계 만들기

준비물 : 색종이, 가위, 수수깡, 유리병

① 종이를 세모 모양으로 오려 앞날개와 뒷날개를 만든다.

② 긴 수수깡의 양 끝에 ①에서 만든 앞날개와 뒷날개를 끼운다.

③ 수수깡으로 받침대를 만들고 ②에서 만든 것을 핀으로 고정한다.

④ 받침대를 유리병에 꽂으면 간이 풍향계가 완성된다.

보리와 귀리가 열심히 간이 풍향계를 만들었어요.

"자! 이제 완성되었어."

"간이 풍향계를 준비했으면 방향을 나타내는 방위도를 만들어야 해."

보리와 귀리는 큰 종이에 동서남북을 표시하여 방위도를 완성했어요.

"준비가 끝났으면 이제 바람의 방향을 측정해 볼까? 간이 풍향계를 바람이 잘 통하는 곳으로 가지고 나가자."

"오호, 좋아."

날씨 깨비가 방망이를 휘두르자, 쌍둥이는 어느새 건물 위에 올라와 있었어요.

"바람을 관측할 때는 건물이나 나무 같은 것에 막혀 있지 않은 곳을 찾아야 해. 알맞은 곳을 찾았다면 나침반을 이용해 방위도를 동서남북 방향에 맞게 놓아. 그리고 방위도 한가운데에 간이 풍향계를 올려놓고 바람의 방향을 측정하면 돼. 이때 풍향계의 화살표가 가리키는 방향이 바람이 불어오는 방향이야."

"와, 풍향은 생각보다 쉽게 알 수 있구나."

화살표를 보니 바람이 북동쪽에서 불어오네.

음, 화살표의 머리 방향을 보면 되는구나.

날씨 깨비는 다시 종이를 펼쳤어요.

"아래 표는 우리나라에서 센 바람이 불었던 지역과 풍속을 정리한 거야.
여기서 풍속은 순간적으로 잠깐 동안 강하게 나타난 풍속인 최대 순간 풍속
이지. 바람이 얼마나 센지를 나타낼 때는 최대 순간 풍속을 많이 이용해."

"아, 표가 자꾸 나오네. 표는 **딱 질색인데.**"

단위 : m/s, 출처 : 기상청

	1위		2위		3위	
	날짜	풍속	날짜	풍속	날짜	풍속
고산	2003. 9. 12.	60	2002. 8. 31.	56.7	2007. 9. 16.	52
속초	2006. 10. 23.	63.7	1980. 4. 19.	46	1974. 4. 22.	46
완도	2012. 8. 28.	51.8	1999. 8. 3.	46	1986. 8. 28.	46
울릉도	2007. 9. 17.	52.4	1992. 9. 25.	51	1990. 12. 11.	49
울진	1997. 1. 1.	51.9	1983. 4. 27.	50	1997. 1. 2.	49.8
제주	2003. 9. 12.	60	1959. 9. 17.	46.9	1986. 8. 28.	41.6
흑산도	2000. 8. 31.	58.3	2002. 8. 31.	50.2	2010. 9. 1.	45.4

우리나라 지역별 최대 순간 풍속 순위

날씨 깨비는 못 들은 척하며 말했어요.

"표를 보고 가장 센 바람은 언제 어디에서 불었는지 알 수 있겠니?"

"좀 헷갈려. 단번에 찾기는 어려워."

단위 : m/s

순위	지역	날짜	풍속
1위	속초	2006. 10. 23.	63.7
공동 2위	고산	2003. 9. 12.	60
공동 2위	제주	2003. 9. 12.	60
4위	흑산도	2000. 8. 31.	58.3
5위	고산	2002. 8. 31.	56.7
6위	울릉도	2007. 9. 17.	52.4
7위	고산	2007. 9. 16.	52
8위	울진	1997. 1. 1.	51.9
9위	완도	2012. 8. 28.	51.8
10위	울릉도	1992. 9. 25.	51

우리나라의 센 바람 순위

가장 센 바람이 속초에서 불었네.

"그럼, 1위부터 10위까지 센 바람의 순위를 표로 만들어 보면 쉬워."

날씨 깨비는 다른 표를 보여 주었어요.

"와, 가장 센 바람이 분 곳은 속초라는 걸 한눈에 알 수 있어."

보리가 그래프를 보면서 말하자 귀리가 끼어들었어요.

"10위 안에 고산이 3번이나 들어 있으니까 센 바람이 가장 많이 분 곳은
고산이야."

"이제 귀리도 표를 제법 잘 보는구나."

날씨 깨비는 보리와 귀리의 머리를 쓰다듬었어요.

태풍은 얼마나 자주 올까?

"우리나라에 온 센 바람들은 거의 대부분 태풍과 함께 왔어. 2003년 9월 12일 제주도의 고산과 제주에서 불었던 초속 60m의 바람은 태풍 매미와 함께 왔고, 2000년 8월 31일 흑산도에 불었던 초속 58.3m의 바람은 태풍 쁘라삐룬의 영향이었어."

"태풍은 정말 무서워. 작년 여름, 태풍의 간접 영향을 받는다고 할 때도 집 앞의 커다란 나무가 쓰러질 것처럼 **휘청거렸어.**"

"맞아. 태풍의 간접적인 영향만 받더라도 아주 센 바람이 불지. 그럼 해마다 우리나라에 영향을 미친 태풍에 대해 알아볼까?"

갑자기 장난기가 생긴 귀리가 날씨 깨비의 방망이를 빼앗아 흔들었어요.

"귀리, 너 정말……."

귀리는 얼른 방망이를 돌려주었어요. 그러자 날씨 깨비는 깜짝 놀라 방망이를 **꼭 껴안고** 말했어요.

"아래 표는 1904년부터 2012년까지 우리나라에 영향을 준 태풍의 수를 월별로 나타낸 거야."

8월에 태풍이 가장 많이 발생했네.

월	1	2	3	4	5	6	7	8	9	10	11	12
횟수	0	0	0	0	2	21	96	126	82	8	0	0

1904~2012년 우리나라의 태풍 발생 수

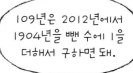

109년은 2012년에서 1904년을 뺀 수에 1을 더해서 구하면 돼.

"와, 대부분, 7~9월에 태풍이 왔네."

"그래. 1904년부터 2012년까지 109년 동안 우리나라에 영향을 준 태풍의 수는 모두 몇 개일까? 1월부터 12월까지의 태풍 발생 수를 모두 더해 봐."

"2+21+96+126+82+8=335이니까, 109년 동안 우리나라에 영향을 준 태풍의 수는 모두 335개야."

보리가 대답했어요.

"맞아. 그럼 우리나라에 영향을 준 태풍은 한 해 평균 몇 개일까?"

"그건 우리나라에 영향을 준 태풍의 총 횟수를 109년으로 나누면 알 수 있지. 335÷109=3.0733……이니까, 바로 3이야."

귀리가 대답하자 날씨 깨비는 **엄지손가락**을 세워 보이며 말했어요.

"아주 잘 이해했어. 우리나라에 영향을 준 태풍은 한 해 평균 약 3개였어. 그럼 태풍이 가장 많이 온 때는 몇 월일까?"

"1위가 8월, 2위가 7월, 3위가 9월이야. 7~9월 동안 모두 304개의 태풍이 우리나라에 왔어."

날씨 깨비의 질문에 귀리가 **척척** 대답했어요.

"좋아. 귀리가 이제 표를 잘 읽어 내는구나. 이번에는 전체 태풍의 몇 %가 7~9월에 왔는지 계산해 보자. 할 수 있겠지?"

"물론이지. 7~9월에 온 태풍의 수를 전체 태풍의 수로 나눈 뒤 100을 곱하면 돼. 96+126+82=304이고, $\frac{304}{335}\times100=90.746$……이야. 그러니 약 91%, 즉 7~9월 동안에 전체 태풍의 약 91%가 온 거지."

귀리가 대답하자 팡파르와 폭죽이 터지고 종이 꽃가루가 날렸어요.

우리나라 기후는 어떻게 변하고 있을까?

"2012년 한 해 동안 우리나라에는 기록에 남길 만한 **매서운** 추위와 연이은 태풍 등 이상 기후가 자주 발생했다고 해."

날씨 깨비의 말에 보리가 물었어요.

"2012년에만 날씨가 이상했던 거야?"

"글쎄. 다른 해는 어땠을까? 지구의 기온이 점점 올라가고 있고, 우리나라도 기온이 올라가고 있어. 표를 보고 생각해 보자."

"표만 봐서는 해마다 평균 기온이 오르고 있다고 보기 어려워."

"오히려 기온이 내려가고 있는 듯이 보이기도 해."

보리와 귀리가 표를 보며 **의아한 듯** 말했어요.

어, 기온이 조금씩 내려가네.

출처 : 기상청

	2007년	2008년	2009년	2010년	2011년	2012년
평균 기온	13.3℃	13.1℃	13.1℃	12.7℃	12.4℃	12.3℃
최고 평균 기온	18.7℃	18.6℃	18.6℃	17.9℃	17.7℃	17.6℃
최저 평균 기온	8.9℃	8.3℃	8.3℃	8.2℃	7.8℃	7.8℃

2007~2012년 우리나라 평균 기온

그러자 날씨 깨비가 씩 웃으며 말했어요.

"그럼, 다음 표는 어때? 이건 1973년부터 2012년까지 우리나라의 전국 평균 기온을 나타낸 거야."

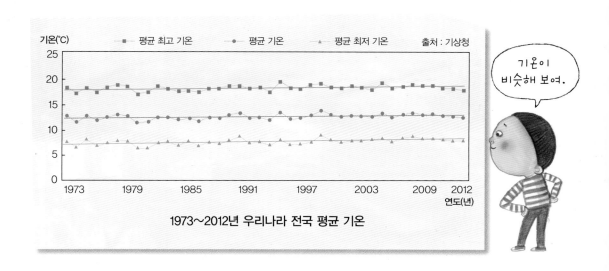

1973~2012년 우리나라 전국 평균 기온

기온이 비슷해 보여.

"이것을 봐도 해마다 평균 기온이 오르는 것 같지 않아."

보리가 표를 보고 갸웃거렸어요.

"텔레비전 뉴스와 신문에서는 기온이 오르고, 그에 따라 기후가 변하고 있다고 했어. 하지만 자료를 보니 아주 조금 평균 기온이 오른 것처럼 보이기도 하고, 평균 기온이 올랐다고 하기에는 변화가 너무 적어 보이기도 하고."

"다음에 나오는 지구 연평균 표면 온도 변화 자료를 살펴보면 변화가 쉽게 눈에 들어올 거야."

헉헉, 너무 더워! 왜 자꾸 더워지는 거야?

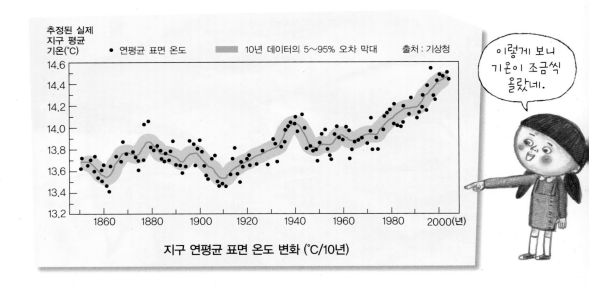

추정된 실제
지구 평균
기온(℃)   ● 연평균 표면 온도   ▬ 10년 데이터의 5~95% 오차 막대   출처 : 기상청

이렇게 보니 기온이 조금씩 올랐네.

지구 연평균 표면 온도 변화 (℃/10년)

"이 그래프는 뭘 나타낸 거야?"

"지구 전체의 기온 변화를 나타낸 그래프야. 1912년에서 2008년까지 96년 동안 지구의 평균 기온이 약 0.74℃ 오른 걸 알 수 있어."

"아, 그렇구나. 이 그래프를 보니 기온이 올랐다는 걸 알겠어."

"날씨 깨비! 이제 표는 그만 보고 싶어."

귀리가 2친 표정으로 말하자 날씨 깨비가 싱긋 웃어 보였어요.

"그래. 지금까지 본 표만 잘 알아 둬."

"근데 우리나라의 기온도 올라가고 있는 거야?"

"우리나라의 기온 상승 폭은 더욱 커. 같은 기간 동안 우리나라 6대 도시인 서울, 강릉, 인천, 대구, 부산, 목포의 평균 기온은 1.7℃ 올랐어."

"그런데 평균 기온이 1~2℃ 오르면 얼마나 위험해? 진짜 위험한 거야?"

"음성 지원 서비스로 알려 줄게."

"이번 음성 지원 서비스는 누구 목소리일까? 기대된다."

보리와 귀리가 궁금해하며 음성 지원 서비스에 귀를 기울였어요.

"지구의 온도가 1℃ 오르면, 매년 30만 명이 더위 때문에 생긴 전염병으로 죽고, 10%의 생물 종이 완전히 없어질 위기에 처하지요."

"앗, 담임 선생님 **목소리다!**"

보리와 귀리가 놀라 눈을 동그랗게 떴어요. 날씨 깨비가 음성 지원 서비스를 멈추고 이어서 설명했어요.

"지구의 온도가 2℃ 오르면, 열대 지역 농작물 생산량이 크게 줄어서 약 5억 명이 굶주릴 위기에 처하고, 33%의 생물 종이 완전히 없어질 위기에 처해. 지구의 온도가 5℃ 오르면, 히말라야 산맥의 빙하가 완전히 녹아서 사라지고, 뉴욕과 런던이 바다에 잠겨 지도에서 사라지게 돼. 정말 어마어마하게 무서운 일이지?"

"으악! 도시가 지도에서 사라진다고?"

"그래. 빙하가 녹으면서 북극곰이 살아갈 곳도 점점 줄어들고 있고."

보리와 귀리는 괜히 마음이 **무거워졌어요.**

날씨 깨비, 안녕!

날씨 깨비가 방망이를 휘두르자, 어느새 보리와 귀리는 집으로 돌아와 있었어요.

"얘들아, 오늘 즐거웠니?"

"응, 재미있었어. 무엇보다 일기 예보를 하는 데 그렇게 많은 기구와 기술이 필요한지 이번에 처음 알았어."

날씨 깨비의 질문에 보리가 즐거운 목소리로 대답했어요.

"나는 날씨가 사람한테 그렇게 중요한지 몰랐어. 그리고 더운 건 더운 대로 추운 건 추운 대로 의미가 있다는 걸 알았어. 이제 난 덥다고 투덜거리지 않을 거야."

귀리도 신나서 말했어요.

"하하, 귀리는 가기 싫다더니 내 설명을 열심히 들었나 보네."

날씨 깨비가 귀리를 보며 빙그레 웃자 귀리는 머리를 긁적였어요.

"참, 우리가 체험 학습 가는 날 날씨는 어때?"

"글쎄, 일기 예보를 하는 방법을 배웠으니까 너희가 예측해 보렴."

"에이, 그렇게 복잡한 걸 우리가 어떻게 예측해? 어서 알려 줘."

귀리가 다그치자 날씨 깨비는 구름에 올라타며 말했어요.

"너희들이 원하는 대로 될 거 같은데……."

"정말? 와, 신난다!"

보리와 귀리는 펄떡펄떡 뛰며 좋아했어요.

"얘들아, 이제 난 가봐야겠어. 날씨가 궁금할 땐 나를 불러."

"아, 아쉽다! 다음에 또 놀러 와. 우리가 부를게."

"날씨 깨비야, 잘 가! 안녕!"

보리와 귀리는 날씨 깨비가 사라질 때까지 창가에서 손을 흔들었어요.

 막대 온도계는 어떻게 읽어야 할까?

막대 온도계를 읽을 때는 온도계와 20~30cm 떨어진 곳에서 눈높이와 온도계의 눈금이 수평이 되도록 하고, 온도계의 붉은색 액체 기둥이 멈춘 곳의 숫자를 읽으면 된다.
이때 막대 온도계의 동그란 부분인 구부를 손으로 잡으면 온도가 변할 수 있기 때문에 주의해야 한다.

 어느 그릇에 든 빗물의 높이가 더 높을까?

 비가 내릴 때 단면의 면적이 다른 그릇 두 개에 빗물을 받았다면 양쪽 그릇에 든 빗물의 높이는 같다. 왜냐하면 비는 어디에나 동일한 양이 내리기 때문에 단면의 면적이 다른 그릇이더라도 빗물의 높이는 같다.

하루 중 왜 오후 2시경이 온도가 가장 높을까?

 태양은 낮 12시경에 가장 높게 떠오르지만,
태양 빛에 의해 지표면이 데워지려면 일정한
시간이 걸리기 때문에 오후 2시경에 지면과
수면의 온도가 가장 높게 나타난다.

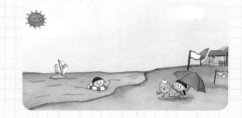

 **1912년에서 2008년까지 지구 평균 기온은 어떻게
변했을까?**

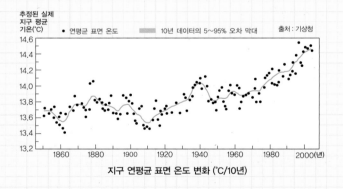

지구 연평균 표면 온도 변화 (℃/10년)

 그래프에서 1912년부터 2008년까지 96년 동안의 지구 평균 기온의 변화를 보면 1℃가 안될
만큼 조금 올랐다는 것을 알 수 있다. 그리고 1990년 이후의 온도 변화는 올라가는 폭이 크
다. 이렇게 지구의 평균 기온이 전반적으로 높아지고 있어서, 농작물의 생산량이 줄어들고 빙
하가 녹아 사라지는 등 여러 가지 문제가 발생하고 있다.

핵심 용어

강수량
비, 눈, 우박, 안개 등으로 일정 기간 동안 일정한 곳에 내린 물의 양.

계절풍
물체를 향해 마이크로파라는 전자파를 보내고, 다시 되돌아오는 전자파를 받아서 물체의 상태나 위치를 분석하여 찾아내는 장치.

골바람
낮에 골짜기에서 산꼭대기로 부는 바람.

기단
성질이 비슷한 거대한 공기 덩어리.

기상 위성
지구의 기상 상태를 알아내기 위해 띄운 인공위성.

기압
공기의 무게에 의한 압력 또는 공기가 누르는 압력. 주위보다 상대적으로 기압이 높은 곳을 고기압, 낮은 곳을 저기압이라고 함.

노을
해가 뜨거나 질 때, 하늘이 햇빛에 붉게 물들어 보이는 현상.

대기
지구 중력에 의해 지구 주위를 둘러싸고 있는 공기층. 대기권이라고도 함.

등압선
일기도에서 기압이 같은 지점을 연결하여 그은 선.

라디오존데
대기 상층의 기상 상태를 직접 관측해서 땅에 있는 관측소로 보내 주는 관측 장치.

백엽상
기온이나 습도를 재기 위해 만든 작은 집 모양의 흰색 나무 상자.

산바람
밤에 산꼭대기에서 골짜기로 부는 바람.

수치 예보
슈퍼컴퓨터를 이용하여 일기를 구성하는 기압, 기온, 습도 등을 수학적으로 계산하여 정확하게 예보하는 것.

수치 예보 모델
미래의 날씨를 예측하기 위해 만들어진 컴퓨터 프로그램.

영양실조
성장하는 데 필요한 에너지를 공급하고 몸의 기능을 조절해 주는 물질인 영양소가 부족해서 일어나는 신체 이상 상태.

온돌
아궁이에서 불을 때면 불기운이 방 밑을 지나 방바닥 전체를 따뜻하게 데우고 굴뚝으로 빠져나가게 만든 난방 장치.

우데기
울릉도에서 바람과 눈을 막기 위해 억새나 옥수숫대를 엮어서 벽을 만들어 벽 바깥 처마 끝에서부터 땅에 닿는 부분까지 세우는 것.

육풍
밤에 육지에서 바다로 부는 바람.

이글루
북극에 사는 이누이트가 눈으로 만든 블록이나 얼음을 쌓아서 지은 집.

일기 예보
일기를 구성하는 기온, 습도, 기압 등을 정확하게 분석하여 기상청에서 신문이나 방송, 인터넷 등을 통해 날씨를 미리 알려 주는 것.

중력
지구가 물체를 끌어당기는 힘.

집중 호우
수십 분에서 수 시간 정도, 비교적 좁은 지역에 집중적으로 내리는 비.

최대 순간 풍속
순간적으로 잠깐 동안 강하게 나타난 풍속.

풍속계
바람의 세기인 풍속을 측정하는 기계.

풍향계
바람이 불어오는 방향인 풍향을 관측하는 기계.

해풍
낮에 바다에서 육지로 부는 바람.

햇무리
해 둘레에 둥글게 나타나는 테두리. 달 주위에 나타나는 테두리는 달무리라고 함.

일러두기

1. 띄어쓰기는 국립국어원에서 펴낸 「표준국어대사전」을 기준으로 삼았습니다.
2. 외국 인명, 지명은 국립국어원의 「외래어 표기 용례집」을 따랐습니다.